99 × FREIBURG UND SÜDSCHWARZWALD

wie Sie diese noch nicht kennen

Nadja Eckerle
Daniel Schoenen

Inhalt

▶ **Vorwort**   5

Freiburg

1	Wasserspeier-Spaß am Münster	6
2	Queen Victoria und die Freiburger Bäcker	8
3	Gourmet im Chalet: Freiburgs beste Burger	10
4	Das Skajo auf der KaJo	12
5	Heiße Quellen an kühlen Tagen	14
6	Luxustrinken in der Hemingway Bar	15
7	Biergartencrawl von A bis …	16
8	Freiburgs Underground, das Crash Im Grün	18
9	Jamsession in der Guten Abend Bar	20
10	Die Freiburger Seele ist oberschwäbisch	22
11	Frühschwimmen für Frühaufsteher im Faulerbad	24
12	Bildteppiche – Comics aus dem Mittelalter	26
13	Ä Muggesäckele wunderfitzig in der Gerberau	30
14	Der feine Unterschied: Confiserie Rafael Mutter	32
15	Des Kaffees wilde Bohne – Rösterei Schwarzwild	34
16	Hinter den Kulissen von Funk und Fernsehen	36
17	Der Engländerplatz	38
18	Amerika kommt aus Freiburg	40
19	Sonntagsklassiker in zwei Ländern: St. Ottilien	42
20	Stars zum Anfassen	44
21	tageins – alles nur kein Montag	46
22	Hilfe! Es spukt!	48
23	Vollmond, Zauberkraft und magischer Hopfen	50
24	Zeit für Stille – der alte Friedhof in Neuburg	52
25	Mit Taschentuch und Kinderwagen	54
26	Ein kleines Fleckchen Freiburger Freiheit	55
27	Familienkochen in der LOKation	56
28	Pilot für einen Tag	58
29	Freimaurer in Freiburg	62
30	Milch aus dem bunten Quartier	64
31	Kinder, Kino und Kultur	64
32	Rosenblütensekt – genießen in der Gärtnerei	66
33	Der edle Geist von Wolfenweiler	68

Der Südschwarzwald

34	Wo wochentags Motoren röhren	70
35	Schauinslandbahn – Literatur trifft Frühstück	72
36	Alles Käse im Schwarzwald	74
37	Chanderli	76
38	Cross Country mit olympischen Ehren	78
39	Tag des Biers im Hotzenwald	80
40	Schwarzwaldforellen selber angeln	82
41	Reiterglück im Park des Fürsten zu Fürstenberg	82
42	Panoramarodeln am Skilift Schwärzenbach	84
43	Höhentauchen am Schluchsee	86
44	Unter Baumschläfern	88
45	Das Hüsli von Prof. Brinkmann	90
46	Kettensägenkünstler und andere Holzartisten	92
47	Von Huskies, Mushern und dem Wettkampf im Schnee	94
48	Schwarzwälder Kirschtorten-Festival	96
49	Auf Tour mit dem Feldberg-Ranger	98
50	Suse, liebe Suse – im Stroh übernachten	100
51	Sommerskispringen in Hinterzarten	100
52	Beim Olympiakoch essen und trainieren	102
53	Weihnachtsmarkt in der Ravennaschlucht	104
54	Hornschlittengaudi in St. Märgen	106
55	Österreicher und barocke Pracht – St. Peter	108
56	Nordic Walking im Dreisamtal	110
57	Biathlon-Schnupperkurs am Notschrei	112
58	Antikuhrenbörse Furtwangen	114
59	Simonswälder Mühlenwanderweg	116
60	Märchengarten Simonswald	118
61	Drehorgeln aus aller Welt	119
62	Wo der Südschwarzwald am schönsten ist	120
63	Bei der Elztäler Kräuterhexe	122
64	Duftig schlafen im Wiesenbett	124
65	Gaaaanz langsam, Schneckenwandern	126
66	Herrgottswinkel, Wegkreuze und Protestanten	128
67	Heißes Glas für kühle Tage	130
68	Hexen, Hemdglunker und Hästräger im Kinzigtal	132
69	Jugendstil trifft Topinambur: Zell am Harmersbach	134
70	Filmstadt Gengenbach	136
71	Der Affe des Commanders	136

Der Norden und die Ortenau

72	Wo meilenweit der Tabak wuchs	138
73	Mit dem Rad rund um Emmendingen	140
74	Nur nicht untergehen – das Atlantis in Herbolzheim	142

75	Orchideen suchen im Sundheimer Grund	144
76	Kulturwehr Kehl	146
77	Abenteuer Wohnen in Linx	148
78	Viel schöner als ihr Ruf: die B36	150
79	Goldscheuer – wo Sauerkraut olympisch ist	152
80	Aenne Burdas Offenburg – Emanzipation mit Folgen	153

Kaiserstuhl und das Markgräflerland

81	Texaner auf dem Texaspass	154
82	chill'n'swim am Hartheimer	156
83	Wiedehopf und Hefezopf am Kaiserstuhl	158
84	Das kleinste Weingut im Kaiserstuhl	160
85	Harmonischer wandern mit Lola und Emma	162
86	Kelten, Römer, Alemannen	163
87	Kornelkirschen und Ökowein	164
88	Schuhmacher mal modern	166
89	Der schönste Sonnenuntergang im Südschwarzwald	168
90	Die edle Staudengärtnerei Gräfin von Zeppelin	170
91	Vita Classica – von Indien über Japan nach Marokko	172
92	Pilzeparadies Burg Rötteln	174
93	Tribute von Wyhlen – Schnupperkurs mit Bogen	176
94	Rafting – von wild bis gemütlich	178
95	Weihnachtsdeko aus den Rheinauen	180

Dreiländereck – Elsass

96	Croissants in Colmar – zum Frühstück nach Frankreich	182
97	Roger Siffers Theater in der Sauerkrautfabrik	184
98	Basler Läckerli in modernem Ambiente	186
99	Fondation Beyeler	188
▶	**Register**	190
▶	**Impressum**	192

Vorwort

Freiburg ist aktiv, alternativ und definitiv innovativ. Die Lebensqualität ist hoch im sonnigen Süden, Essen und Trinken haben Qualität, und die Freizeitmöglichkeiten sind unerschöpflich. Die lebendige Universitätsstadt ist viel mehr als nur eine Ökohochburg für Fahrradfahrer im Schwarzwald. Im Dreiländereck lockt Kultur, und der Schwarzwald ist mit seinen idyllischen Großbauernhöfen und dem vielfältigen Sportangebot ein grünes Paradies und so viel mehr als nur Kirschtorte und Feldberg.

In Freiburg und dem Südschwarzwald scheint die Sonne so oft wie nirgendwo anders in Deutschland. Das ist ein Grund, warum sich hier so viele niederlassen. Der andere ist das schier unerschöpfliche Angebot an Dingen, die es zu entdecken gibt. Für all jene, die die Region jenseits der Standardziele erkunden wollen, ist dieser Band gemacht, ganz egal ob als Tourist, Neu-Freiburger oder Einheimischer.

99x Freiburg und der Südschwarzwald bietet Tipps für Sport, Museen und Kulinarisches für Singles, Paare oder die ganze Familie. Freiburg auf allen Ebenen erleben: abenteuerlich, romantisch, sinnlich oder entspannt, egal zu welcher Jahreszeit (Hornschlitten fahren oder Birdwatching), egal zu welcher Tageszeit (Frühschwimmen im Faulerbad oder Sonnenuntergang in Staufen). Die Grenzen erstrecken sich über den eigentlichen Südschwarzwald hinaus von der Ortenau im Norden bis zum Rhein im Westen und Süden.

Hier kann man im Baum übernachten, auf der Käseroute einkaufen und mit Eseln wandern. 99x Freiburg und den Südschwarzwald erleben, wie er auch sein kann, voller Überraschungen, Spaß und ein wenig anders.

99 spannende Erlebnisse und Entdeckungen wünscht
Nadja Eckerle

Wasserspeier-Spaß am Münster

Schreckliche Fratzen, wilde Tiere, nackte Frauen und zahnlose Nonnen säumen den filigranen Kirchturm des Freiburger Münsters. Steht man vor dem Eingang des Münsters, dann sehen sie verschwindend klein aus, doch sie sind riesig, zum Teil überlebensgroß. Bei den 91 Wasserspeiern lohnt der Blick aufs Detail.

Mittelalterliche Steinmetze gehören zu einer Berufsgruppe, die leidenschaftlichen Lesern aufs Beste vertraut ist. Ob einstürzende Kirchen in Ken Folletts »Säulen der Erde« oder geheime Steinzeichen in Dan Browns »Sakrileg«, Leser wissen, welche Gefahren im Stein lauern und welche Geheimnisse ein Steinmetz in aller Öffentlichkeit verbergen kann. Das Freiburger Münster steht da der schottischen Roslyn Chapel südlich von Edinburgh in nichts nach. Man sollte nur wissen, wo man hinsehen muss. Im Fall des Freiburger Münsters vor allem in eine Richtung, nach oben.

▶ **Fernglas mitnehmen oder einen Besuch im Augustinermuseum machen. Dort sind mehrere Originalwasserspeier ausgestellt, unter anderem die sieben Todsünden.**

Ein ganz besonderer Wasserspeier ist Sinnbild für den badischen Humor: ein nackter Hintern, der hoch oben keck aus der Kirche herausragt. Ein kleiner Scherz vom Steinmetz, der offensichtlich gar nicht glücklich über den Erzbischof und dessen laxe Zahlungsmoral war. Und so streckte er dem erzbischöflichen Palais gegenüber einen nackten Hintern aus Stein entgegen. Man darf annehmen, dass es eine Weile gedauert hat, bis diese Frechheit entdeckt wurde. Zumal der Erzbischof auch erst viel später in das Palais einzog.

Wer sich seinen Blick für versteckte Details bewahrt hat, findet viel Aufregendes und auch Lustiges unter den Wasserspeiern. Acht von ihnen sind übrigens »trocken«, sie speien kein Wasser, weil sie an keine Wasserrinne angeschlossen sind. Der Rest ist tatsächlich nicht nur schön, sondern auch funktional und dient dazu, bei Regen die Wassermassen weg vom Münster zu leiten. In den meisten Fällen haben sich die Originale gut gehalten.

Freiburger Münster · Münsterplatz · 79098 Freiburg · Tel. 07 61/20 27 90 · Haltestelle Bertholdsbrunnen, S-Bahn S1, S2, S3, S5, Bus 27

Auch im Mittelalter hatten die Steinmetze Humor.

Ob Groß oder Klein – die Freiburger Bäcker sind auch noch erfinderisch.

Queen Victoria und die Freiburger Bäcker

Die Freiburger haben im frühen 15. Jahrhundert den Weihnachtsbaum erfunden. Auch wenn sich das durch keine historische Quelle belegen lässt, so ist man sich in Freiburg sicher, dass es nur hier gewesen sein kann. Freiburger Bäcker hängten Naschwerk an eine Tanne, das Kinder an Neujahr essen durften.

Doch wie kam die Weihnachtsbaumtradition ins englische Königshaus? Wie auch heute noch in den meisten Familien üblich, brachte ihn der Mann mit nach Hause. Das ist auch in Königsfamilien nicht anders. Queen Victoria, Romantikerin und Politikerin zugleich, war eine imponierende Gestalt voller Widersprüche. Sie liebte ihren deutschen Mann Prinz Albert von Sachsen-Coburg Gotha abgöttisch und erzog ihre zahlreichen Töchter und Söhne mit Strenge und Traditionsbewusstsein.

Für das Volk wurde das Familienleben am englischen Königshaus im 19. Jahrhundert förmlich zelebriert. Die Pflege der Traditionen und die Erschaffung neuer, das, so war sich das Herrscherpaar einig, war das Ziel. Und da kamen die Freiburger ins Spiel.

▶ **Handgemachten Christbaumschmuck gibt es auf dem Weihnachtsmarkt in der Altstadt, wo weit über 100 Stände vor allem regionales Kunsthandwerk anbieten.**

Der Freiburger Weihnachtsbaum, Innbegriff der familiären Heimeligkeit, hatte es der Queen angetan. Albert, der seine Kinder über alles liebte, hatte schöne Erinnerungen an seine Jugendjahre in Deutschland und die Weihnachtszeit mit dem kunstvoll geschmückten Weihnachtsbaum. So kam die Freiburger »Erfindung« nach London. Bilder der Königsfamilie unter dem Weihnachtsbaum gingen um die Welt und schufen eine Tradition auf der Insel, die ihren Ursprung vor mehr als 600 Jahren in Freiburg hat.

Heute ersetzen meist Kugeln und Figuren das Naschwerk der Bäcker, doch das Freiburger Original schmeckt nicht nur besser, es sieht auch viel schöner aus. Auf der Insel glitzert es an künstlichen Bäumen.

Weihnachtsmarkt · Ende Nov.–Ende Dez. · Rathausplatz · 79098 Freiburg · Haltestelle Bertholdsbrunnen, S-Bahn S1, S2, S3, S5, Bus 27

Gourmet im Chalet:
Freiburgs beste Burger

Die Lust am gebratenen Hackfleisch zwischen zwei Brötchenhälften ist weltweit groß. Im Freiburger »Bermudadreieck« kann man mit gutem Gewissen der Lust am Burger frönen, denn im Burger Chalet geht es nicht um Fastfood, sondern um Sternegastronomie vom Feinsten.

Die Saucen sind selbst gemacht, das Burgerfleisch selbst gewolft und abgedreht. Alles frisch vom badischen Jungbullen. Statt einer Tiefkühlscheibe wird knusprig frisches, regionales Rindfleisch aus Emmendingen serviert, auf Wunsch gebraten, wie man es am liebsten mag. Torsten Wagner empfiehlt medium, und der Koch weiß, wovon er redet, er hat in der Traube Tonbach in Baiersbronn das Handwerk gelernt. Edler geht es fast nicht in Deutschland.

► **Der Chef kocht auch für das Teatro Colombino: im edlen Spiegelpalast eine Show sehen und vier Gänge lecker speisen. Burger gibt es hier allerdings keine.**

Man merkt die Liebe zum Detail, die er und seine Lebensgefährtin Sophie Zipse in die Karte gesteckt haben: Fairfood statt Fastfood, die Zutaten kommen aus der Region, sind frisch und die Brötchen schmecken auch nach Brötchen. Es knuspert beim Reinbeißen!

Der Rest ist leckere Qual der Wahl. Einen »Siciliana« mit Pesto, Ricotta und Walnüssen? Oder lieber die »Schwarzwald-Marie« mit Schwarzwälder Speck und Crème fraîche? Oder vielleicht den »Achtender« mit Maronenpüree und Hirschschinken? Dazu Rosmarinkartoffeln oder Pommes und eine Bionade. Was im Burger Chalet aber definitiv nicht geht, ist, den Burger in die Hand nehmen und reinbeißen, dazu ist viel zu viel Belag drauf und das Brötchen eben auch ein Brötchen. Messer und Gabel sind angesagt, was der Lust am Burger keinen Abbruch tut.

Man drängt den Gedanken an labbrige Big Macs ganz weit nach hinten und genießt in dem kleinen Laden hinter dem KG III der Uni Freiburg. Um gemütlich zu sitzen ist das Burger Chalet eher nichts, wohl aber um lecker und qualitativ hochwertig zu essen.

Burger Chalet · Mo–Sa 12–21 Uhr · Niemensstraße 9 · 79098 Freiburg · Tel. 07 61/27 83 82 · Haltestelle Holzmarkt, S-Bahn S2, S3, S5

Fair statt Fast: Burger mit Stil im Chalet.
Das Angebot ist regional, frisch und einfach lecker.

Das Skajo auf der KaJo

Wer schon einmal in der Sky Bar des Savoy Hotels an einem Aperol Spritz genippt und den Blick auf den Kölner Dom genossen hat, der kennt das Gefühl, genau am richtigen Ort zu sein. Ein wenig kleiner, aber nicht weniger fein, das Skajo auf der KaJo. Freiburg kann es auch!

Über den Dächern von ... Das hatte schon immer eine besondere Anziehungskraft, ob Nizza, Köln oder Breisgau. Das Besondere am Freiburger Stadtblick: Er bietet eine traumhaft schöne Aussicht auf das Münster, dahinter zieht Schwarzwaldgrün über die Hügel, die Dächer der Altstadt leuchten ockerrot. Ein unvergessliches Panorama.

Das Skajo auf der Kaiser-Joseph-Straße bietet diesen Blick. Es geht mit dem Aufzug nach oben in den fünften Stock, dort hat man die Wahl zwischen der Terrasse oder dem Restaurant mit Panoramafenstern. Ein überraschendes stilles Erlebnis nach dem hektischen Treiben auf der Freiburger Einkaufsstraße.

Drinnen entspannen gedeckte Brauntöne und stylishes Lounge-Ambiente. Die große Fensterfront erinnert an das 25hours Bikini Berlin am Tiergarten. Die hufeisenförmige Bar leuchtet verlockend. Auf der Karte findet sich viel Fisch. Wer hier einen Tisch bestellt, der ist nicht auf der Suche nach Traditionellem. Das Skajo ist modern und voller Überraschungen, die Crème brulée gibt es beispielsweise von der Rauchforelle mit Apfel-Meerrettich-Sorbet.

Ein idealer und trendiger Ort, um sich mit der Freundin auf einen Plausch und eine Runde Entspannung nach dem Shoppen zu verabreden, um neue interessante Bekanntschaften zu machen oder um sich mit dem Partner einfach mal was zu gönnen.

So lecker die Küche auch ist, das Highlight ist die Terrasse mit dem Blick auf über 800 Jahre Stadtgeschichte, im Sommer mit einem Acai Spritz, bis die Dunkelheit die Stadt zum Glühen bringt. Hoch oben über den Dächern kommt Freiburg so großstädtisch daher wie nirgendwo sonst.

SKAJO · Mo–Sa 11–0, So 17.30–0 Uhr · Kaiser-Joseph-Straße 192 · 79098 Freiburg · Tel. 07 61/20 25 12 40 · www.skajo-restaurant.de · Haltestelle Bertholdsbrunnen, S-Bahn S1, S2, S3, S5, Bus 27

Die Küche im Skajo ist ausgefallen und der Blick auf 800 Jahre Freiburger Stadtgeschichte gratis.

Heiße Quellen an kühlen Tagen

An kaum einem anderen Ort in Freiburg lässt sich der Alltagsstress so gut abstreifen, wie im Spa & Wellness-Bereich des Dorint Hotels an den Thermen. Sanft umspielt das warme Wasser die Haut. Jetzt in die Sauna (finnisch, karelisch oder bio). Oder vielleicht doch lieber eine Behandlung bei der Beauty-Expertin? Das Dorint hat auch eine badische Wellness-Variante auf der Karte: die Tresteranwendung Royal mit Trauben- und Weinprodukten. Oder Frau kann mit Kokosöl und Fruchtcocktail in die Ferne schweifen. Entspannung pur, ob badisch oder exotisch. Ein Nachteil hat der Besuch im Spa des Dorint jedoch: Irgendwann muss man wieder raus. Das Gefühl entspannter Zufriedenheit aber verlässt einen nicht so schnell.

Dorint Hotel Freiburg An den Thermen · Öffnungszeiten für Tagesgäste auf Anfrage · An den Heilquellen 8 · 79111 Freiburg · Tel. 0761/4 78 95 55 · http://hotel-freiburg.dorint.com · Haltestelle Eugen-Keidel-Bad, Bus 35

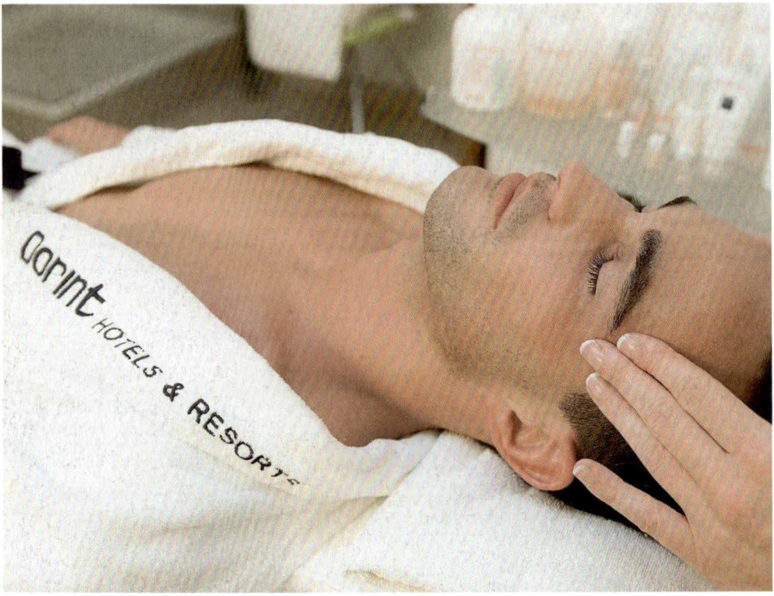

Zeit zum Entspannen in den Thermen des Dorint Hotels

Luxustrinken
in der Hemingway Bar

Dem großen Ernest Hemingway hätte es hier sicher gefallen. Die Bar hat Stil und was zu bieten. Kein Großwild zu jagen und keine Hochseefische zu angeln, aber jede Menge Cocktails. Wie wäre es mit einem torfigen Whisky samt aromatischer Zigarre in der Smokers Lounge im historischen Gewölbekeller? Historisches wie der »Gin Daisy« oder Modernes wie die »Fliegende Nuss«, die Lust am Getränk kommt, sobald man die Bar betritt. Und natürlich gibt es regionale Spezialitäten, der Badische »Birnen Fizz« zum Beispiel ist ein lecker entstaubter deutscher Klassiker. Das Kellergewölbe des Hotels Viktoria in der Eisenbahnstraße gehört zu den besten Bars in Deutschland. Wo ließe es sich besser in Hemingway-Zitaten schwelgen als hier.

Hemingway · tgl. 18–2 Uhr · Eisenbahnstraße 54 · 79098 Freiburg · Tel. 07 61/20 73 40 · www.hemingway-freiburg.de · Haltestelle Hauptbahnhof, S-Bahn S1, S3, S5

In der Hemingway Bar gibt es nicht nur schnöde Cocktail-Klassiker, sondern auch moderne Drinks.

Wer A sagt muss bei der Biergartentour auch B, C und D sagen. Ob man das Z auch noch schafft?

Biergartencrawl
von A bis …

Die Lust, Essen und Trinken in der frischen Luft zu genießen, ist im sonnigen Süden ganz besonders ausgeprägt. Wer keine Lust hat, aus Freiburg rauszufahren, um in einer »Straußi« Wurstsalat, »Brägele« und ein herbes Bier oder einen frischen Wein zu »schlotze«, der findet genug Biergärten in der Innenstadt.

Der Vorteil, den die Innenstadtbiergärten gegenüber den »Straußen« auf dem Land haben, ist nicht zu unterschätzen: Man muss nicht mit dem Auto fahren, sondern kann alle zu Fuß oder mit der Straßenbahn erreichen. Zu zweit ist ein »crawl«, also eine Biergartentour nett, in der Gruppe ist es netter. Aber wo anfangen? Am besten bei A und dann im Alphabet weitermachen und schauen, bei welchem Buchstaben man am Ende landet. Es bis Z an einem Tag zu schaffen wäre falscher Ehrgeiz.

Aller Anfang ist mexikanisch: Tequila im Aguila in der Sautierstraße, wer will kann sich dort auch mit marokkanischen Spezialitäten für die anstehende Tour stärken. Die Holztische und Klappstühle im Biergarten der Eckkneipe haben das gewünschte Flair. Weiter geht es im Bierbrunnen (das muss schon allein wegen des Namens sein) in der Elsässer Straße. Hier gibt's eine breite Auswahl an Frischem vom Fass und gute Qualität zu niedrigen Preisen.

Auf B folgt bekanntlich C wie Café Extrablatt in der Schreiberstraße am Dreisamufer. Ein Weißbier gegen den Durst und derweil der Dreisam beim Fließen zuschauen. Das Leben könnte nicht entspannter sein, während oben der Verkehr vorbeizieht, stört hier nichts den Blick auf den Fluss.

D ist das Dattler, das Schlossrestaurant und Wahrzeichen aller Freiburger Biergärten, denn die Lage auf dem kleinen Freiburger Hausberg ist traumhaft. Wer es touristisch mag, der fährt mit der Bahn hoch, wer sich noch fit fühlt, der läuft.

Am Ende steht jedenfalls Z wie Zähringer Burg. Das Wald-Restaurant liegt ein Stückchen von der Endhaltestelle der Linie 2 entfernt, aber für den Fußweg entschädigen schön angelegte Terrassen.

Im Restaurant Zähringer Burg den riesigen Schlüssel zum Burgturm besorgen und die fünf Minuten zum Turm laufen. Die Aussicht von oben sollte man nicht verpassen.

Das Crash verspricht seit jeher legendäre Nächte.
Im Sommer sitzt man auch gut draußen.

Freiburgs Underground, das Crash Im Grün

Freiburgs dunkle Seite ist seit den Achtzigern in einem Keller Im Grün zu Hause. Dort, wo in den wilden Jahren die Barrikaden brannten und sich die Hausbesetzer-Szene gegen das Establishment wehrte. Das Crash ist seit mehr als einer Generation eine Underground-legende.

1985 brannte das autonome Zentrum in Freiburg. Die Stadt fürchtete weitere Hausbesetzungen und stellte schnell den Schnewlinkeller als Ersatz zur Verfügung. Eigentlich nur eine Übergangslösung, aber das Crash ist immer noch da und damals wie heute das Zuhause einer ganz unterschiedlichen Klientel. Hier ist Freiburg am härtesten.

Früher waren »unten« und »oben« streng getrennt, inzwischen hat man fusioniert. Oben befindet sich der Drifters Club, der dort seit den späten 80ern elektronische Wellen durch den Äther presst. TECHNOOOO!! Hier wummern angesagte DJs. Ein »floor« down und die Welt wird schwarz und düster, im Crash scheint nie das Tageslicht. Punk, Rock, Hardcore, Wave und Metal von den besten DJs der Szene, minimalistisches Ambiente und eine double bass am Rande der Erträglichkeit. Konzerte finden das ganze Jahr über statt. Das Programm gibt's im Internet.

Das Crash darf sich zu Recht seit Jahrzehnten der härteste Laden der Stadt nennen. Hier gibt es nur eine Farbe – schwarz, unterbrochen einzig von den grellen Lichtflashs des Stroboskops. Tanzen fühlt sich hier an wie ein Trip in die Untiefen der Musik, an Metal-Abenden werden Trash, Doom, Speed und Death gespielt.

Freiburg wäre nicht Freiburg, wenn es nicht auch im Underground noch sein Umweltbewusstsein pflegen würde. Schon in den späten 80ern gab es hier Plastikbecher mit Pfand, lange bevor recycelt wurde. Weil die DJs im Crash viele Jahre lang in einem Käfig die Platten auflegten, könnte es auch einfach sicherer gewesen sein, kein Glas auszugeben und dafür Bier in Bechern zu verkaufen.

Crash · Fr, Sa 22–5 Uhr · Schnewlinstraße 7 · 79098 Freiburg · Tel. 07 61/38 29 16 · www.crash-freiburg.de · Haltestelle Hauptbahnhof, S-Bahn S1, S3, S5, Faulerstraße Bus 11

09

Jamsession
in der Guten Abend Bar

Der Name ist das Versprechen, und die Bar hält es auch: Hier ist ein guter Abend garantiert, denn sie bietet alles, was einen guten Abend ausmacht. Vielen Freiburgern noch als Freiburg-Bar bekannt, hat sich inzwischen nicht nur der Name geändert, es gibt auch mehr Musik. Ah one, ah two, ah one, two, three, four!

Bühne frei für alle Kreativen, Improvisationsgenies oder Musiker, die einfach mal wieder locker Spaß haben wollen. Mitten in Freiburg, direkt an der Hauptschlagader der Stadt, der Kaiser-Joseph-Straße.

Carlos Santana tat es, Deep Purple, Led Zeppelin und Nirvana taten es auch. Die Liste der Jamsession-Freunde ist so endlos lang, wie sie gut ist. Manche Auftritte schafften es sogar auf Vinyl. Neben den Großen des Rock waren Jamsessions auch immer das Ding der Jazzmusiker. Experimentell, manchmal schräg, immer spannend. In welche Richtung es auch geht, die

Mit etwas Mut und Kreativität kann jeder den Laden rocken.

freie Entfaltung der Musik, die Spontanität der Musiker, die Überraschung für alle Beteiligten machen den Charme einer Jamsession aus. Im Publikum kann man das alles genau verfolgen. Wer ist gut, wer nicht, und wie kommt die Performance an?

Mitmachen kann einfach jeder. Die Guten Abend Bar bietet aber nicht die klassische Open Stage, hier gilt: Voranmeldung bitte! Das Equipment wird gerne gestellt. Der Schwerpunkt liegt auf dem Blues, denn die Bar arbeitet eng mit der Freiburger Blues Association zusammen. Also Hüte und Fender raus und das ultimative amerikanische Südstaatengefühl aus den Saiten gelockt. Der Blues ist nicht zuletzt wegen Supergitarrist Joe Bonamassa wieder in. You've got it man! Du kannst das, Mann.

▶ **Montags Jam, dienstags Quiz und donnerstags Karaoke. Am Wochenende wird getanzt und gegessen, die WOK-Gerichte gibt es auch mit Riesengarnelen.**

Es sind nicht nur die Gitarren-Heroes der Stadt, die sich hier präsentieren, inzwischen kommen sie von weit her zum Gig in den Breisgau.

Guten Abend Bar · Mo, Di 18–0.30 Uhr, Mi 18–1 Uhr, Do, So 18–2 Uhr, Fr, Sa 18–3 Uhr · Kaiser-Joseph-Straße 278 · 79098 Freiburg · Tel. 07 61/7 04 86 18 · www.gutenabend-freiburg.de · Haltestelle Holzmarkt, S-Bahn S2, S3, S5

Man muss auch nicht unbedingt ein Instrument spielen können, um beim Publikum gut anzukommen.

Die Freiburger Seele ist oberschwäbisch

Die Freiburger Seele ist außen knusprig und innen duftig luftig. Sie wird traditionell mit Salz und Kümmel bestreut, eine Art Baguette aus herzhaftem Dinkelteig. Das Schockierende aber ist: Das vermeintliche Freiburger Urgebäck ist überhaupt nicht badisch, es ist oberschwäbisch.

Da glauben nun die meisten Freiburger »die Seele, des isch typisch Freiburg« und liegen in ihrem Seelen-Glauben doch gänzlich daneben. Der Seele Ursprung liegt irgendwo östlich von Stuttgart und damit in dem Landesteil Baden-Württembergs, der den meisten Badenern gar nicht so lieb ist. Die Freiburger Seele ist schwäbisch, das tut dem Freiburger natürlich in der Seele weh. Deshalb hat er die Seele inzwischen eingemeindet.

In der Wiehre ist einer der besten Bäcker der Stadt am Werk. Alexander Bühler hat die Bäckerei 1991 von seinen Eltern übernommen, der kleine Betrieb ist seit 1912 fest in Familienhand. Klasse statt Masse ist hier das Konzept. Es wird noch von Hand gebacken, und das schmeckt man auch. Seelen gibt es täglich frisch, man sollte nur nicht bis nachmittags warten, da sind sie oft schon ausverkauft. Dann kann man aber auf die herrlich saftigen Speckkringel aus Laugenteig ausweichen.

Was an der Seele besonders ist, weiß man in der Bäckerei Bühler ganz genau. Ein Gemisch aus Dinkelmehl, Wasser, Zucker und Hefe bildet den Vorteig, der über Nacht ruhen muss. Den Teig dann mit Weizenmehl ausrollen, mit Wasser bestreichen, Kümmel und Meersalz drauf und ab in den Ofen. Weil der Vorteig über Nacht geruht hat, kann sich die Seele am Tag darauf auch voll entfalten. Am besten passt ein herzhafter Belag auf die Seele, Bauernkäse oder Schwarzwälder Schinken, beides harmoniert prächtig mit dem Kümmel. Manche schwören auch auf eine würzig-süße Kombination wie Camembert und Marmelade.

Ihren Namen hat sie, weil früher Brote als Kultgabe für die Toten (Seelen) dargebracht wurden.

Bäckerei Bühler · Mo–Fr 6.30–18 Uhr, Sa 6.30–12 Uhr · Zasiusstraße 9 · 79102 Freiburg · Tel. 07 61/7 39 37 · www.baeckerei-buehler.de · Haltestelle Johanniskirche, S-Bahn S3, S5

Aus Tradition gut – die besten Seelen der Stadt gibt's in der Bäckerei Bühler.
Fast ein bisschen unscheinbar, aber man sollte unbedingt reinschauen.

Nichts für Langschläfer: Morgens um 6 kann man im Faulerbad entspannt seine Bahnen ziehen.

Frühschwimmen für Frühaufsteher im Faulerbad

Frühsport ist gut für Körper und Seele, die Erkenntnis ist nicht neu, nur mit der Umsetzung hapert es gelegentlich. Der Geist ist willig, aber… Neue Reize setzen ist das beste Mittel, um die Lust an der Bewegung nicht einschlafen zu lassen. Einfach mal die Laufschuhe stehen lassen und ab ins Faulerbad.

Früh morgens um sechs ist die Welt in Freiburg noch in Ordnung. Gerade in der dunklen Jahreszeit, wenn die Stadt langsam erwacht, aber das Tageslicht noch ein ferner Wunsch ist, gibt es keinen besseren Ort als das Faulerbad an der Dreisam: Frühschwimmen für Frühaufsteher. Das Bad hat am Morgen nur zwei Stunden geöffnet, danach schließt es wieder für die Öffentlichkeit und öffnet für die Klassen der umliegenden Schulen. Dann ist es laut und lebendig im Becken. Zwischen sechs und acht Uhr aber ist es still, denn es sind nur die Bahnenzieher im Wasser.

Das Hallenbad ist gerade im Winter warm und hell, Lichtblick und Fluchtort aus dem kalten, nassen Dunkel da draußen. Die Schwimmer, meist sind es immer dieselben, ziehen Bahn um Bahn im 25-Meter-Becken. Das Wasser (27,5 °C) gurgelt gemächlich, mit den regelmäßigen Schwimmbewegungen stellt sich fast schon eine meditative Entspannung ein: ziehen, atmen, ziehen, atmen, ziehen … Eine Welt aus Wasser und gleichförmiger Bewegung. In der Stille ist der Schwimmer in einer Welt ohne Worte mit seinen Gedanken allein und hat Zeit, sie zu sortieren. Alles fließt. Der Tag hat begonnen. Mit der Zeit kennt man auch die Schwimmer auf den Bahnen nebenan, schnell ist alles vertraut. Man hält sich fit, während man sich gedanklich auf den Tag einstellt.

Für einen Kilometer, also 40 Bahnen, braucht man in der Regel nicht mehr als eine halbe Stunde. Duschen, anziehen, Haare föhnen und auf dem Weg zur Arbeit oder Uni frische Brötchen beim Bäcker mitnehmen. Besser (und vor allem gesünder) kann man den Tag nicht beginnen. Das Gefühl von Wachheit und Klarheit bleibt bis zum Abend.

Faulerbad · Mo–Do 6–8 Uhr · Faulerstraße 1 · 79098 Freiburg · Tel. 07 61/2 10 55 30 · www.badeninfreiburg.de/baeder-saunen/faulerbad · Haltestelle Faulerstraße, Bus 11

Bildteppiche –
Comics aus dem Mittelalter

Wie oft kommt man aus einem Museum heraus und ist wie erschlagen von all dem, was man da soeben gesehen hat. Deshalb lieber auf einen ganz besonderen Teil wie die Bildteppiche im Augustinermuseum konzentrieren und danach bei einem Cappuccino darüber sinnieren.

Der Malterterteppich, auch Weiberlistenteppich genannt, erzählt von der Minne, wie so viele Wandteppiche aus jener Zeit. Doch diese Bilder zeigen die verschiedenen Tricks, mit denen Frauen Männer verführen und manipulieren, die Leidtragenden sind Samson, Aristoteles und Iwain. Die »Weiberlist« ist dargestellt mit einem »guten« und einem »schlechten« Bild. Sozusagen die dos und don'ts. Das letzte Bild stellt mit der einen Minne dann das Idealbild der mittelalterlichen Frau dar.

▶ **Das Augustinermuseum veranstaltet regelmäßig Konzerte. Das Klangerlebnis in der Skulpturenhalle ist außergewöhnlich, das Ambiente ist es ohnehin.**

Der Marienteppich gehört zu den wichtigsten Werken seiner Art. In ihm sind die freudigen Momente im Leben der Gottesmutter dargestellt. Spruchbänder, so wie man es aus Comics kennt, kommentieren die Ereignisse. Das Einhorn versinnbildlicht die Verkündigung Marias. Das Fabelwesen stand im Mittelalter für die Gottesmutter, für Jungfräulichkeit und das Gute schlechthin und ist vor allem aus französischen Darstellungen bekannt. Besonders beeindruckend sind die vielfältigen Pflanzen und Tiere.

Der Weihnachtsteppich ist ein späteres Werk vom Oberrhein (1501). Auch dieser ist erstaunlich modern, denn während die Jungfrau Maria lichtumspült niederkniet und das nackte Neugeborene anbetet, bereitet »Hausmann« Josef das Essen zu. Wer genau hinschaut entdeckt viele spannende Details, so hat ein Schaf zum Beispiel einen richtigen Pelz, ein flaumiger Puschel Pelz inmitten des komplexen Wandteppichs. Auch mit Kindern macht es Spaß, die Geheimnisse der kostbaren Wandbehänge zu erkunden.

Augustinermuseum · Di–So 10–17 Uhr · Augustinerplatz · 79098 Freiburg · Tel. 07 61/2 01 25 21 · www.freiburg.de/museen · Haltestelle Oberlinden, S-Bahn S1

Die Skulpturenhalle zeigt Werke von Lukas Cranach d. Ä., Anselm Feuerbach und anderen.
Die wunderschönen Bildteppiche erzählen spannende Geschichten aus dem Mittelalter.

Dieser Bildteppich beeindruckt mit seinen kraftvollen Farben.

Im Gästebuch versucht sich mancher Besucher selbst als Dichter.
Alemannisch für Anfänger und Fortgeschrittene in der Freiburger Gerberau

Ä Muggesäckele wunderfitzig in der Gerberau

Dialekte sind identitätsstiftend, die einen mehr, die anderen weniger. Im alemannischen Sprachraum ist der Dialekt eine ungemein wichtige Ausdrucksweise des ganz besonderen Lebensgefühls – ebenso in und um Freiburg. Vielleicht gerade weil die Stadt so viele Menschen aus anderen Regionen Deutschlands anzieht.

Die alemannische Dialektgrenze zieht sich grob von Singen in einer Welle bis Freiburg und Colmar. Nördlich dieser Grenze wird schon wieder ganz anders »g'schwätzt«. Obwohl man es gemeinhin mit der Region Südbaden gleichsetzt, ist das Alemannische tatsächlich länderübergreifend: in der Schweiz, im Elsass und in Liechtenstein wird es gesprochen, und in Venezuela gibt es sogar eine kleine alemannische Enklave einstiger Auswanderer vom Kaiserstuhl.

Die Alemannische Bühne in der Gerberau zeigt sowohl eigenproduzierte Stücke wie »Landeier – Bur suecht Frau« als auch Comedy, Kabarett und Musiktheater aus dem Dreiländereck. Heimat international. Die Bühne ist in Freiburg eine Institution und hat in all den Jahren den sich wandelnden Geschmack des Publikums ohne Probleme überdauert. Ein eindeutiges Zeichen für die Qualität der Darbietungen.

▶ Montags Jam, Dienstags Quiz und Donnerstags Karaoke. Am Wochenende wird getanzt und gegessen, die WOK-Gerichte gibt es auch mit Riesengarnelen.

Alle Stücke sind auch für Nicht-Badener verständlich, sagt das Programmheft, doch ein wenig Vorbereitung kann nicht schaden. Hier ein paar wichtige alemannische Vokabeln: »Lumbeseggel« (Nichtsnutz), »Schlabba« (Hausschuhe), »Zwuggel« (kleine Person), »wunderfitzig« (neugierig), »Muggesäckele« (ein wenig), »rumfuchtle« (gestikulieren). Wer das berühmte »Chuchichäschtli« unfallfrei aussprechen kann, der kann Alemannisch. Die Rede ist bei diesem Zungenbrecher übrigens von einem kleinen Hängeschrank in der Küche und hat mit Kuchen nichts zu tun. Richtig ausgesprochen, klingt es, als hätte man Halsschmerzen.

Alemannische Bühne · Karten Mo–Fr 8–19 Uhr · Gerberau 15 · 79098 Freiburg · Tel. 07 61/3 57 82
www.alemannische-buehne.de · Haltestelle Bertholdsbrunnen, S-Bahn S1, S3, S5

Der feine Unterschied: Confiserie Rafael Mutter

Sie ist nicht ganz so romantisch wie der kleine Schokoladenladen von Vianne Rocher im Film »Chocolat«. Die Confiserie Rafael Mutter kommt eher klar und modern daher. Die Kunst liegt hier im köstlichen Detail, der Schokolade in ihrer überwältigend leckeren Vielfalt.

Über 60 verschiedene Schokoladen, in allen Farben und Formen – fast wie von einem süßen Schwindel erfasst, versucht man, die eigene Lust zu ergründen: weiß mit Nüssen, Edelrahm oder Zartbitter, sortenrein aus Cuba oder lieber Ecuador? Oder vielleicht heiß und flüssig? Die Trinkschokolade von Rafael Mutter ist eine Offenbarung. Vielfach ausgezeichnet, zählt die Confiserie zu den besten in Europa. Alle Produkte werden in Handarbeit in der eigenen Firma in Bad Säckingen hergestellt, ohne künstliche Aromen oder Konservierungsmittel. Von einer Pralinensorte werden jeweils nur 10

Köstliches Schlaraffenland und eine schier unerschöpfliche Auswahl

bis 20 Kilogramm hergestellt. Das reicht für eine Woche. Dann wird wieder frisch produziert: Champagnertrüffel, Schichtnougat und kleine Desserts zum Mitnehmen wie das Akazien-Vollmilch-Mousse oder die Champagnerkegel mit Cassismark. Ein edles Vergnügen, dem früher in Europa nur Zaren und Könige frönten. Königliches geht noch immer, gerade an Weihnachten. Der Weihnachtsmann aus feinster Grand-Cru-Edelschokolade wird mit einem Hauch Blattgold veredelt.

▶ **Ohne Reue genießen. Eine Tafel von Rafael Mutters Schokolade hat rund 550 Kalorien. Die hat man nach zwei Stunden intensiven Shoppings in der Gerberau aber wieder komplett verbraucht.**

Doch zurück zur Trinkschokolade. Die gibt es wahlweise pur oder verfeinert mit Orange, Minze, Ingwer oder Chili. Der Rest der Trinkschokoladenkarte verspricht eine Weltreise des süßen Geschmacks – nach Madagaskar, Venezuela oder Saint Dominique. Erstaunlich und unfassbar lecker, wie unterschiedlich Schokolade in heißer Milch schmecken kann. Sie wird in schlichtem Porzellan, mit einem Glas Wasser und einem »Probiererle« serviert. Von wohligem Glücksgefühl durchströmt, studiert man das Angebot und empfindet selbst die ausliegenden Schokoladentafeln als optischen Genuss.

Confiserie Rafael Mutter · Mo–Fr 9–19 Uhr, Sa 9–18 Uhr · Gerberau 5 · 79098 Freiburg · Tel. 07 61/2 92 71 41 · www.confiserie-rafael-mutter.de · Haltestelle Bertholdsbrunnen, S-Bahn S1, S3, S5

Schokolade zum Träumen, aber vor allem zum Genießen

Anna Jauch röstet und berät im Schwarzwild.
Hier ist Kaffee nicht nur einfach Kaffee, sondern ein sinnlicher Genuss.

Des Kaffees wilde Bohne – Rösterei Schwarzwild

Schlicht und minimalistisch kommt die Kaffeerösterei Schwarzwild daher. Schon der Hof duftet nach den edlen Bohnen. Tritt man ein, ist man vom Aroma schier überwältigt. Nun steht man vor der Wahl der Nuance: ein wenig Schokolade, Nougat oder doch lieber Cognac? Kaffee ist hier mehr als einfach nur Kaffee.

Versteckt in dem flachen, gelben Gebäude in einem Hinterhof der Kartäuserstraße, strahlt die Rösterei in luftigem Weiß: eine Probierbar, eine Verkaufstheke, ein paar Regale und ein paar Säcke mit Kaffeebohnen. Man sollte sich das Vergnugen dieses Aroma-Erlebnisses nicht entgehen lassen. Wer dafür keine Zeit hat, kann den Kaffee online bestellen. Die Sorten im Angebot können bis zur Plantage zurückverfolgt werden: Indien, Äthiopien, Brasilien, Mexiko, man riecht die weite Welt in der Rösterei Schwarzwild. Das Sortiment ist groß, und die Wahl fällt schwer, aber die Beratung ist der halbe Spaß beim Kaffeekauf. Und das Probieren das schlichte Glück.

► **Andrea Jauch gibt Barista-Kurse für alle, die tiefer in das Thema Kaffee einsteigen wollen. Früh anmelden, die Kurse sind schneller ausgebucht als die Espressi ausgetrunken.**

Besitzerin Andrea Jauch hat die Liebe zum Kaffeerösten in Norwegen entdeckt: zufällig, in Oslo, bei der Kaffeeikone Tim Wendelboe. In einem Berufszweig, in dem es nur wenige Frauen gibt, hat sie es bis nach ganz oben geschafft. Das Fachmagazin »Crema« kürte sie zum Röster des Jahres 2013. Man merkt ihr die Leidenschaft für ihren Kaffee an, und man beneidet sie auch ein wenig um den duftenden Arbeitsplatz, während sie einen Cappuccino mit perfekter Milchschaumkrone serviert oder die Kundschaft beim Bohnenkauf ausführlich berät. Währenddessen rösten die Maschinen mit einem gleichförmigen Knirschen Kaffeebohnen aus aller Welt.

Das Logo, die wilde Hilde mit Bollenhut, kommt frech daher, der Laden stylish und Andrea Jauch dynamisch. Im Angebot sind sortenreine Espressi und exklusive Mischungen. Montag ist Rösttag und geschlossen. Den Rest der Woche kann man kaufen und genießen.

Schwarzwild Rösterei · Di–Fr 11–18.30 Uhr, Sa 10–14 Uhr · Kartäuserstraße 60 · 79102 Freiburg · Tel. 07 61/29 08 88 05 · www.roesterei-schwarzwild.de · Haltestelle Schwabentorbrücke, S-Bahn S1

Hinter den Kulissen von Funk und Fernsehen

Ob im Rathaus die politischen Wellen hoch schlagen, die Schwarz-wälder Milchbauern gegen EU-Richtlinien protestieren oder der Papst zu Besuch kommt, der SWR Freiburg ist vor Ort: regionale Berichterstattung in Funk und Fernsehen. Der Blick hinter die Kulissen ist kostenlos.

»Kannst du mir da noch zwei, drei Sekunden mehr geben und vielleicht den Ton ein bisschen vorziehen?«, bittet die Redakteurin im Schnittplatz 1 ihren Cutter. Sie arbeiten an einem Hintergrundstück über eine Brandserie, das am Abend in der Landesschau laufen soll. Überall leuchten Regler, Monitore zeigen den geschnittenen Film und das gedrehte Material. Während der Cutter den Ton vorzieht, schreibt die Redakteurin die Anmoderation für den Beitrag und stellt ihn ins System, dann kann ihn der Moderator in Stuttgart lesen und für seine Bedürfnisse umformulieren. Ein

Zu Gast im Filmschnitt des SWR

Stockwerk höher wird Radio gemacht. Im Studio sitzt der Moderator mit dicken Kopfhörern vor seinem Mikrofon, spricht und winkt der Gruppe freundlich zu. Dann fährt er den nächsten Musiktitel ab. Manchmal hat er während der laufenden Sendung sogar Zeit für ein kurzes Schwätzchen mit den Besuchern. Hinter einer Glasscheibe kann man in der Senderegie live dabei sein. Der SWR Freiburg hat zweimal täglich ein eigenes Programm auf SWR4. Und wer noch nicht wusste, was ein Hinz-Triller ist, der findet auch das heraus.

▶ **Wer nach so viel Radio und Fernsehen Hunger hat, sollte unbedingt bei Sedirs Kebab einen Döner holen. Vegetarische Spezialität ist Sikma, gerollter Yufka-Teig mit Schafskäse.**

Von der Ortenau im Norden, bis nach Frankreich im Westen, in die Schweiz im Süden und nach Donaueschingen im Osten erstreckt sich das Sendegebiet des SWR Freiburg. Das moderne Gebäude in der Kartäuserstraße, einem ehemaligen Gewerbegebiet, war früher eine Garnspinnerei, nun wird darin jede Menge Radio- und Fernsehprogramm produziert. Auf Anfrage (Wartezeit 3 bis 4 Monate) kann man das in Gruppen von 10–25 Personen miterleben. Die Mutigen dürfen nach der Livesendung sogar selbst mal Radio machen.

SWR Freiburg · kostenlose Besichtigung Di und Do, Anmeldung bei Uschi Kemény · Kartäuserstraße 45 · 79102 Freiburg · Tel. 0761/3808351 05 · Haltestellen Schwabentorring oder Brauerei Ganter, S-Bahn S1

Auch ein Blick ins Studio ist möglich.

Die Engländerkapelle erinnert an die ersten Fußballer Freiburgs.

Der Engländerplatz

Wo heute der Messplatz ist, da soll das neue Freiburger Stadion gebaut werden, hier liegt die Zukunft des Fußballs im Breisgau. Die Vergangenheit liegt am Alten Messplatz, irgendwo zwischen der ausgelagerten Universitätsbibliothek (früher die Stadthalle) und dem Einkaufszentrum.

Kick-off war 1889. Englische Militärkadetten jagten hier dem Ball hinterher, deshalb hieß er damals auch Engländerplatz. Oberst Henry Bradley Roberts schulte hier junge Engländer für den Militärdienst. Bald kamen Schüler aus den umliegenden Gymnasien dazu. Keine acht Jahre später erstanden die ersten Vereine an den Schulen. Die Freiburger aber fanden wenig Gefallen an dem lauten und schmutzigen Treiben. Von »Fußlümmelei« war die Rede. Der kleine Fußweg hinter dem Einkaufszentrum heißt noch heute Lümmelweg.

Der Anfang des Freiburger Fußballs war also englisch. Als die englischen Kadetten wegen des Burenkriegs abgezogen wurden, übernahmen die Freiburger Studenten den Platz und kickten fortan für den FFC. An der Universität aber war man »not amused« und steckte einen Studenten sogar einmal für sechs Stunden in den Karzer, weil er in Straßburg gespielt hatte. Mit einer derartigen Sportfeindlichkeit müssen heutige Studenten nicht mehr rechnen. Hundert Jahre später sollte man an der Dreisam sogar von Breisgau-Brasilianern sprechen. Das waren die Zeiten als georgische Spieler wie Alexander Iashvili und Levan Kobiashvili mit südamerikanischem Kurzpassspiel den Breisgau beglückten.

▶ **Die Engländerkapelle in der Brombergstraße erinnert an jene Kicker. Heute eine Kirche der Seventh-Day-Adventists, eine protestantische Freikirche mit amerikanischem Ursprung. Sie ist offen für Besucher.**

1907 wurden die Freiburger Deutscher Meister. Ein Erfolg, den heute nicht mehr viele in Erinnerung haben und der zum Leidwesen der vielen Fußballfans in Freiburg seither nie mehr wiederholt werden konnte. Das Siegtor machte Joseph Glaser, der in Waltershofen sonntags früh immer erst die Orgel in der Kirche spielte, bevor er zu Fuß 25 Kilometer zum Fußball lief. Mannschaftsbusse sollten erst viel später Einzug halten.

Alter Messplatz · 79102 Freiburg · Haltestelle Alter Messplatz, S-Bahn S1

Amerika kommt aus Freiburg

Ja, entdeckt hat Amerika Christoph Kolumbus, sieht man mal von diversen Theorien ab, dass die Wikinger schon vor den Portugiesen da waren. Und eigentlich wollte der Seefahrer ja auch Indien entdecken. Und Amerika hieß es auch nicht. Bis zu diesem Freiburger Irrtum.

Martin Waldseemüller hat Amerika erfunden. Aus Versehen. Der in Wolfenweiler geborene Waldseemüller, war gegen Ende des 15. Jahrhunderts Student der Freiburger Universität, und er wuchs genau auf dem Gelände auf, wo heute das KG III der Uni Freiburg steht. An der Universität lernte er die Grundlagen der Cosmographie also der Erdkunde und Kartographie. Im Jahre 1507 gab er dann eine der bedeutendsten Weltkarten heraus, die einen folgenschweren Fehler hatte. Waldseemüller dachte wohl, Amerigo Vespucci habe das Land im Westen entdeckt und nannte es darum prompt America. Seine Karten wurden zu Standardwerken jener Zeit, ihre weltweite Verbreitung nach dem Irrtum zum Problem. Vergeblich versuchte er, America in späteren Ausgaben in »Das Land das Columbus für den König von Castilien entdeckt hat« umzubenennen. Womit er, wenig überraschend, nicht erfolgreich war, bei der Länge des Namens. Später wollte Waldseemüller das Land sogar Brasilien oder Papageienland nennen. Auch diese Versuche scheiterten.

▶ **Landkarten, Reiseführer und Globen im Überfluss bietet das Landkartenhaus in der Schiffstraße 6.**

Wie ein Fehler die Welt eroberte, lässt sich in der Universitätsbibliothek nachverfolgen, dort ist noch die ursprüngliche Begleitschrift zu den Karten vorhanden. Die Karten selbst liegen inzwischen in der Bibliothek des US Kongresses in Washington. Die große Weltkarte Waldseemüllers wurden von Bundeskanzlerin Angela Merkel 2007 an die Vereinigten Staaten von Amerika übergeben. Sie misst stolze drei Quadratmeter. Am KG III, wo das Elternhaus von Martin Waldseemüller einst stand, befindet sich noch heute eine Plakette. Zum 500. Jahrestag der Karte gab es außerdem eine Sonderbriefmarke.

Universitätsbibliothek · Mo–Fr 9–20 Uhr, Sa 10–12 Uhr · Platz der Universität 2 · 79098 Freiburg · Tel. 07 61/2 03 39 00 · www.uni-freiburg.de · Haltestelle Alter Messplatz S-Bahn S1

Die Entdeckung Amerikas – ein Irrtum mit großen Folgen

Sonntagsklassiker in zwei Ländern: St. Ottilien

St. Ottilien ist ein Sonntagsklassiker, den wahrscheinlich jeder Freiburger kennt und jeder zweite schon mitgemacht hat. Der traditionelle Familienausflug, entweder ein gemütlicher Spaziergang mit Kuchenabschluss oder eine stramme Wanderung mit zünftiger Brotzeit.

Hinauf sind schon viele Generationen gepilgert, denn St. Ottilien ist ein Wallfahrtsort, ein Waldheiligtum. Auf dem Ottilien-Dobel sind Kapelle, Quelle und Grotte der heiligen Odilia geweiht, hier sollen Augenleiden geheilt werden. Die Kapelle wird oft für besondere Anlässe wie Taufen und Hochzeiten genutzt. Wer träumt nicht gerne unter Kastanien von der Zukunft.

Wie so oft haben beide Seiten des Rheins (die Vogesen und der Schwarzwald) viel Ähnlichkeit miteinander. Auf dem französischen Odilienberg (Mont Sainte Odile) rund 100 Kilometer entfernt, nahe Ottrott, wird dieselbe Schutzheilige verehrt, die heilige Odilia. Die Klosteranlage im Elsass, deren Äbtissin die heilige Odilia im 7. Jahrhundert war, ist nicht nur um ein Vielfaches größer, der Andrang vor allem im Sommer übersteigt bei Weitem den auf der Breisgauer Seite. Weil der französische Odilienberg höher, steiler und mit einer guten Straße ausgebaut ist, wird hier allerdings weniger gewandert und mehr gefahren. Am Kloster sind ausreichend Parkplätze vorhanden.

▶ **Grillen am Waldspielplatz Ochsengespann an der Kartäuserstraße, unterhalb von Sankt Ottilien. Der Freiburger Holzbildhauer Thomas Rees hat die massiven Holzskulpturen geschaffen.**

Von der Dreisam aus lässt sich das idyllische St. Ottilien wunderbar zu Fuß oder mit dem Rad erkunden. Die Zufahrt zum Restaurant ist auch möglich. Von der Kartäuserstraße aus findet man leicht den Weg mit den acht Kreuzwegkapellen hinauf. Wandert man vom Schlossberg aus, braucht man ungefähr eine Stunde. Mit dem Rad dauert es um die 15 Minuten, es sind nur etwas mehr als vier Kilometer Waldstraße. Ein Gasthaus steht schon seit über 500 Jahren dort oben. Früher wohnte da der Küster.

St. Ottilien · April–Okt. Mo–Sa ab 12 Uhr, So ab 10 Uhr, Nov.–März Sa ab 12 Uhr, So ab 10 Uhr · Kartäuserstraße 135 · 79104 Freiburg · Tel. 07 61/6 32 30 · www.st-ottilien.com

Der Weg nach St. Ottilien lohnt sich auch wegen des hübschen gleichnamigen Ausflugslokals.

Große und kleine Fans sind dabei, wenn der SC Freiburg trainiert.
Für ein Autogramm oder einen kurzen Plausch sind die Spieler immer zu haben.

Stars zum Anfassen

*Freiburg hat viel zu bieten, aber Stars sind hier meist Mangelware.
Zumindest was Film oder Fernsehen anbelangt. Aber das zählt nicht
für den Sport, denn hier sind sie zahlreich, vor allem die, die kicken
können. Und damit ist nicht nur der Trainer der Weltmeister von
2014, Joachim Löw, gemeint.*

Sie sind die Helden der Stadt und wer glaubt, sie faszinieren nur kleine
Jungen, der liegt mächtig schief. Die Profis des SC Freiburg sind angesagt
bei den kickenden Jungs und Mädels, bei bewundernden Teenagern und
ihren Vätern und Müttern. Fan des SC Freiburg zu sein ist bei vielen eine
Familienangelegenheit, gemeinsam mitfiebern, mitfreuen, mitleiden. Es
gibt Autogramme und Fotos, man muss nur zur richtigen Zeit am richtigen
Ort sein: Da gehen die Spieler zum Auslaufen oder Ausradeln, wenn sie
am Samstag gespielt haben. Auf dem Rückweg geben sie bereitwillig Autogramme oder lächeln in die Handys. Am besten schon einen Stift zur
Hand haben und sich trauen. Der Trainer ist immer bereit für eine Unter-
schrift, eine kleine Unterhaltung und ein Foto. Fannähe wurde in Freiburg
immer schon ganz groß geschrieben.

Die 45 Minuten Wartezeit, während die Spieler vom Vortag die Muskeln
locker machen, kann man sich damit vertreiben, den Ersatzspielern beim
Trainieren auf dem Platz zuzusehen und den ein oder anderen Ball zurück-
zuschießen. Die Kleinen spielen beglückt nach, was sie da sehen, und die
Großen können entspannt plauschen: Schade um den Punkt gestern, aber
vielleicht war auswärts nicht mehr drin. Und der Elfmeter!!

Im »Füchsleclub« wird für Kinder bis zu 13 Jahren noch viel mehr geboten. Kinder-Pressekonferenzen mit Spielern, ein Besuch bei der Feuer-
wehr, ein Newsletter und eine eigene Webseite, dazu ein Mitgliedsausweis
und freier Eintritt zu allen Spielen im Möslestadion, der Heimat der Jugend.
Dazu Veranstaltungen wie Ausflüge, Weihnachtsfeier und Lesungen. Das
alles für nur 20 Euro im Jahr.

SC Freiburg · Schwarzwaldstraße 193 · 79117 Freiburg · Tel. 0761/38 55 10 ·
www.scfreiburg.com · Haltestelle Römerhof, S-Bahn S1

21

tageins –
alles nur kein Montag

Manchmal ist es an der Zeit, die Selbstverständlichkeiten des Lebens zu hinterfragen und sich gegebenenfalls neu zu sortieren. Wer seine Woche mit Montagen beginnt, gehört zum Establishment, ist retro und nicht oft im Freiburger Osten unterwegs, denn hier beginnt die Woche leidenschaftlich, tanzend und mitten im Grünen.

Wer seine Woche aber mit dem tageins beginnt, der dürfte im Waldsee bestens aufgehoben sein. Montage im Waldsee sind so gänzlich anders als normale schnöde Wochenanfänge. Hier ist nicht Montag, hier ist tageins, und Oswald & Ernesto machen ihn in der Cocktaillounge zu einem Fest. Einem, das immer anders ist. Montags ist Clubnacht, und man kann in die Woche tanzen. Die Richtung ist klar, die beiden DJs legen Elektronisch auf, aber die Ausrichtung ist immer mal wieder eine andere. House, Techno, Dub… alles fließt und tanzt. Zumindest die, die alt genug sind, denn unter 21 ist der Zutritt verboten. Dienstags gibt es im Waldsee Jazz ohne Stress, mittwochs move to groove. Alles mitten im Grünen, denn das Waldsee heißt nicht nur so, es liegt auch am Waldsee und ist ein grüner Fluchtpunkt im quirligen Freiburger Stadtleben. Entspannung hat hier Tradition seit 1894. Das Waldsee ist ein klassisches Ausflugslokal und tagsüber immer gut besucht. Montags ist das Restaurant allerdings geschlossen, an den anderen Tagen ist das Angebot auf der Karte reichhaltig. Für die besonderen Bedürfnisse geht es auf Wunsch auch vegan und ohne Gluten oder Laktose. Nostalgiker können kulinarisch (nicht musikalisch) in den Siebzigern schwelgen und einen Toast Hawai bestellen.

▶ **Bootfahren auf dem Waldsee: Mai bis Anfang Oktober, 14 bis 18 Uhr, So ab 11 Uhr; 15 Minuten kosten 3 Euro.**

Im Sommer chillen, tanzen, draußen unter dem romantischen Sternenhimmel schwelgen und die Gedanken übers Wasser schweifen lassen. In der Dämmerung erspäht man auch die ein oder andere Fledermaus zwischen den wuchtigen alten Eichen und den großflächigen, duftenden Rhododendren.

Restaurant Waldsee · tageins, montags ab 22 Uhr · Waldseestraße 84 · 79117 Freiburg · Tel. 07 61/7 36 88 · www.waldsee-freiburg.de · Haltestelle Waldsee, S-Bahn S1

So lassen sich auch Montage aushalten.

Hilfe! Es spukt!

»Bitte halten Sie mich nicht für verrückt, aber…« So beginnen die meisten Anrufe, die bei der parapsychologischen Beratungsstelle in der Freiburger Wiehre eingehen. Der einzigen ihrer Art in Deutschland. Manche Phänomene lassen sich rein physikalisch erklären, andere nicht.

Walter von Lucadou ist der Mann, der meist eine Erklärung für unheimliche Vorkommnisse hat, schließlich hat er zwei Doktortitel, einen in Physik und einen in Psychologie. Er hat in Freiburg studiert und leitet heute eine Beratungsstelle, die mit staatlichen Mitteln unterstützt wird. Im Schnitt rufen 3000 Menschen pro Jahr an. Er gibt allen Auskunft, die ungewöhnliche Dinge erleben. Von Lucadou spricht nicht von Spuk oder Geistern, sondern von Präkognition und Wahrträumen. Er will helfen, denn wenn manche Menschen nicht ernst genommen werden,

▶ Walter von Lucadou hat mehrere Bücher über parapsychologische Phänomene verfasst, spannende und verständliche Lektüre über Geister und anderen Spuk.

kann das verheerende Folgen haben. Ein Mann träumte vom Unfalltod seines Vaters, der dann auch genauso starb. Der Sohn machte sich Vorwürfe, weil er es nicht verhindert hatte, Angstträume quälten ihn. Jedes Mal nach einem schlimmen Traum ging er nun zur Polizei, die wies ihn bald in eine psychiatrische Einrichtung ein. Mit Beratung hätten derart schlimme Folgen verhindert werden können, glaubt man in der Wiehre.

Elf Prozent der Bevölkerung haben schon Geister gesehen, das ist also gar nicht so selten. Nur ein Prozent davon ist aber schizophren. Spuk ist oft eine psychosomatische Reaktion, die nicht im eigenen Körper stattfindet, sondern nach außen verlagert wird, der Mensch macht sich also seine Geister selbst.

Vorlesungen zu Themen wie »Botschaften aus dem Jenseits« oder »Was sind Wunder?« aber sind für alle offen und erkenntnisreich besonders für jene, die schon mal ein derart außergewöhnliches Erlebnis hatten.

Parapsychologische Beratungsstelle · Mo, Di, Fr, 9.30–13 Uhr Mi, Do 9.30–18 Uhr · Hildastraße 64 · 79102 Freiburg · Tel. 07 61/7 72 02 · www.parapsychologische-beratungsstelle.de · Haltestelle Schwabentorbrücke, S-Bahn S1

Walter von Lucadou erklärt unheimliche und geisterhafte Phänomene.

Bei einer Führung durch die Brauerei Ganter erfährt man …
… was man schon immer über Bier wissen wollte und noch einiges mehr.

Vollmond, Zauberkraft und magischer Hopfen

Es ist ein Bier, das aus dem Herzen der Stadt kommt. Denn das erste Ganter wurde in der Schiffstraße gebraut, im Jahr 1865, als in Amerika der Bürgerkrieg zu Ende ging und Wilhelm Busch »Max und Moritz« veröffentlichte. Freiburg brachte derweil ein Pils und ein Lagerbier in die Wirtshäuser.

Die kleine Hausbrauerei von Ludwig Ganter musste bald nach der Gründung expandieren, so gut lief das Gebräu. Der Familienbetrieb hat den Weg durch die Generationen geschafft und die badische Heimat und ihr Lebensgefühl nie verlassen. Seit 1877 steht das moderne Brauhaus an der Schwarzwaldstraße und ist nun eine regionale Biermanufaktur. Mit neuen Standards in Innovation und Technik und es wird (typisch Freiburg eben) umweltbewusst produziert. Eine Brauereiführung kann man ab 15 Personen gesondert buchen. Da findet man auch heraus, warum ein Schwarzbier wie das Magisch Dunkel unbedingt bei Vollmond gebraut werden muss.

▶ **Weil bei Ganter wie überall in Deutschlands Brauereien das Reinheitsgebot herrscht, sind alle Biere auch für Diabetiker geeignet.**

Der Weg des Wassers für sämtliche Biere der Brauerei Ganter könnte nicht romantischer sein: Es entspringt als reine Quelle im Schwarzwald und kommt vom Höllental über Himmelreich schließlich im 20 Meter tiefen Brunnen der Brauerei an. Dort wartet es auf seine Verwandlung. Wer eine feste Schaumkrone auf dem frisch gezapften Bier zu schätzen weiß, den könnte auch interessieren, wie sie da hinkommt. Hefe, Malz, Hopfen und Wasser, klingt einfach, ist aber eine Kunst. Braukunst eben. Auch wenn die einst berühmte Sieben-Minuten-Pilskrone inzwischen überholt ist, ein fester Schaum ist auch bei modernen Bieren gefragt. Die Brauerei braut eine Vielzahl ganz unterschiedlicher Biere. Das »Wodan« ist ein dunkler Doppelbock, benannt nach dem Stammesgott der Germanen. Der »Urtrunk« ein naturtrübes Zwickelbier, gebraut nach dem Originalrezept von Ludwig Ganter. Und das »Magisch Dunkel« eben ein Vollmondbier.

Brauerei Ganter · offene Führungen Fr 17 und 18 Uhr und auf Anfrage · Schwarzwaldstr. 43 · 79117 Freiburg · Tel. 07 61/2 18 56 00 · www.ganter.com · Haltestelle Brauerei Ganter, S-Bahn S1

Zeit für Stille – der alte Friedhof in Neuburg

Nur ein paar Gehminuten vom lebhaften Stadtkern in Freiburg entfernt, still hinter weiß gekalkten Mauern, liegt Freiburgs alter Friedhof. Ein schöner, besinnlicher und vor allem historisch interessanter Ort, der sich mehr wie ein Park als ein Friedhof anfühlt. Er ist auch ein Ort voller Geschichten.

Sonnenstrahlen glitzern im Laub, eine Amsel ruft, der Lärm der Stadt ist nur entferntes Echo. Es herrscht Stille auf dem alten Freiburger Friedhof, der einer der ältesten in ganz Deutschland ist. Ein Streifzug entlang der Gräber ist wie ein Blättern in den Geschichtsbüchern der Stadt. Mitglieder der großen bürgerlichen Freiburger Familien, die Verleger Herder und der Freiburger Adel wie die Comtess Colombi liegen hier in der Stille begraben.

1683 wurde der Friedhof zum ersten Mal gesegnet, an Allerheiligen 1872 fand die letzte Beisetzung statt. Es zieht viele hierher. Sie kommen auch wegen der Sagen und Geschichten, die sich um den alten Friedhof ranken.

Die schlafende Schöne, der Unbekannte seit Generationen täglich frische Blumen aufs Grab legen, ist das eine romantische Rätsel des Friedhofs, doch bei Weitem nicht das einzige.

Eine Geschichte zum Gruseln erzählt der Totenkopf mit der steinernen Kröte am Fuße des Sandsteinkreuzes vor der Michaelskapelle. Ein Schmied soll von seiner jungen Gattin und ihrem Liebhaber, seinem Schmiedegesellen, ermordet worden sein. Sie hatten ihm einen Nagel in den Kopf geschlagen. Der Nagel, unter den Haaren verborgen, blieb unentdeckt. Bis die Leiche später vom Totengräber wieder ausgegraben wurde, es herrschte Platzmangel auf dem Friedhof, und die Gräber mussten neu geordnet werden. Dabei entdeckte der Totengräber, aufgeschreckt von einer Kröte, die es sich im Totenschädel gemütlich gemacht hatte, den Nagel und meldete dies. Das inzwischen verheiratete Mörderpaar wurde Jahre nach der Tat angeklagt und verurteilt.

Alter Friedhof Neuburg · April–Okt. 7–20 Uhr, Nov.–März 8–17 Uhr · Stadtstraße · 79104 Freiburg · Haltestelle Hochmeisterstraße, Bus 27

Ein Friedhof mit Geschichte und Geschichten.
Wer war wohl die schlafende Schöne, der immer noch täglich Blumen aufs Grab gelegt werden?

25

Mit Taschentuch und Kinderwagen

Der Kandelhof ist nicht das älteste Kino in Freiburg, wohl aber das mit dem meisten Traditionsbewusstsein. Filme in Originalfassung, Programm-kino, Festivals. Wer es alternativ und charmant statt groß und kommerziell mag, der ist hier genau richtig. Schon 1900 hatten fahrende Schausteller auf dem Messplatz im Stühlinger Filme vorgeführt. 1948 war es dann auch im Kandelhof so weit. Ein Saal, ein kleines Foyer mit Popcornmaschine, ein Film mit Anspruch. Der arg strapazierte Spruch von Klasse statt Masse trifft auf den Kandelhof zu wie auf kein anderes Kino im Breisgau.

Natürlich gibt es auch hier das »Mamakino«. Raus aus dem Alltagstrott und mit Taschentuch und Kinderwagen in den Herz-Schmerz-Film. Ach, schön!

Kino Kandelhof »Mamakino«, alle 14 Tage Mi 15 Uhr · Kandelstraße 27 · 79106 Freiburg · Tel. 07 61/2 92 55 77 · www.friedrichsbau-kino.de · Haltestelle Rennweg, S-Bahn S5

Im Kandelhof kann man auch mit den Allerkleinsten Filme anschauen.

Ein kleines Fleckchen Freiburger Freiheit

Wer Lust an Freikörperkultur hat und darüber hinaus noch gerne Sport treibt, der ist im Freiburger Westen gut aufgehoben. Beim Sportbund Sonnland steht ein riesiges Gelände mit zahllosen Angeboten zur Verfügung. Einzige Bedingung: keine Klamotten. Ob Boccia, Sauna, schwimmen oder Tennis, hier wird nackt gesportelt und gecampt. Alles familienfreundlich auf fast fünf Hektar. 240 Dauerstellplätze bietet der grüne Campingplatz und 20 für Gäste. Man sollte entweder Mitglied beim Sportbund Sonnland oder in einem anderen FKK-Verein sein.

Das Gelände ist sichtgeschützt, sehr grün und gut gepflegt. Ein kleines Freiburger Fleckchen Freiheit für alle Naturisten und solche, die es werden wollen.

Sportbund Sonnland · Fischermatte 7 · 79111 Freiburg · Tel. 0761/82159 · www.sonnland-freiburg.de · Haltestelle Betzenhauser Torplatz, S-Bahn S1, Haltestelle Bissierplatz, S-Bahn S3

FKK, Sport und Camping in einem – auch das gibt es in Freiburg.

Familienkochen
in der LOKation

Die Bezeichnung »location« wird inzwischen viel zu inflationär gebraucht. Alles ist eine Location, alles irgendwie hip und überhaupt. Diese LOKation ist zwar auch hip, hat mit Lok zu tun, einiges zu bieten und ist überhaupt nicht inflationär. Sie ist lecker, lustig und gesellig.

Die alte Lokhalle auf dem Güterbahnhof ist ein cooles Stück Freiburger Industriegeschichte. Geschwungene Giebelfassaden, wuchtige Bogenfenster und rotbraune Ziegelmauern aus der Zeit der Jahrhundertwende. Alles zusammen versprüht jede Menge Charme. Geblieben ist das industrielle Ambiente der alten Halle, der Rest ist hochmoderne und sehr stylishe Inneneinrichtung. Was man daraus macht, ist den Gästen überlassen. Sie haben die Freiheit, zu feiern, wie sie wollen, für das Ambiente und Kulinarische sorgt das erfahrene Eventteam.

Hier finden Veranstaltungen jeder Art statt, und alle haben etwas mit kochen zu tun. Besonders beliebt: das Familienkochen. Das geht ab 15 Personen, ist aber auch mit 50 möglich. Und natürlich kocht hier keiner ohne einen kleinen Wettbewerb. Die Köche teilen die Gäste in Gruppen ein, Oma zur Hauptspeise, Tante Karin zum Dessert, Mama macht die Vorspeise. Unter Anleitung wird gemeinsam geschnitten und geschält, gebrutzelt und gelacht, am Ende stehen ein Vier-Gänge-Menü und ein Sieger. Erstaunlicherweise sind das nicht notwendigerweise immer die, die normalerweise die Küchen beherrschen. Und das Beste ist, das Spülen übernimmt das Team. Wer will, kann auch einfach kochen lassen und eine Party feiern. Perfekt für den nächsten runden Geburtstag oder die Weihnachtsfeier der Firma, denn ein unvergessliches Erlebnis ist es immer. Oder man meldet sich zum Krimi-Dinner an, einem Abend voller Überraschungen und Geheimnisse mit einem Drei-Gänge-Menü, bei dem die Gäste einen Mörder finden und überführen müssen. Die Geschichte stammt natürlich aus Freiburg und wird von einer regionalen Theatergrupe gespielt.

Die LOKation · Neunlindenstraße 35 · 79106 Freiburg · Tel. 07 61/29 28 08 65 · www.die-lokation.de · Haltestelle Rennweg, S-Bahn S5, Haltestelle Kaiserstuhlstraße Mitte, Bus 11

Ein Kochwettbewerb ist mal ein ganz anderes Familienevent.
Bevor man die Früchte seines Schaffens genießen kann, wird fleißig geschnippelt und angerichtet.

28

Pilot für einen Tag

Drüben der Rhein, da der Schwarzwald, das Freiburger Münster, die Weinberge des Kaiserstuhls – Altbekanntes aus einer völlig neuen Perspektive erleben kann atemberaubend sein. Ein Gyrocopterflug vom Freiburger Flughafen aus und schon ist man Pilot für einen Tag.

Wie ein Motorrad, nur in der Luft, ähnlich einem Hubschrauber, nur offen. Ein Gyrocopter ist ein Tragschrauber, der Propeller lässt ihn fliegen. Die Beschleunigung am Boden ist größer, als man es bei dem kleinen Gefährt erwartet. Fast 100 Stundenkilometer, da braucht man schon ein wenig Nerven beim Start, schließlich sitzt man in einem offenen Gefährt und spürt den Gegenwind. Fenster Fehlanzeige. Und los geht's entlang der Wunschroute!

Das Panorama ist traumhaft. 600 Meter geht es hoch in die Luft, dann ist die Reisehöhe erreicht und bei allen, die ein leichtes Kribbeln in luftiger

Hier wird der Traum vom Fliegen wahr.

Höhe spüren, entspannt sich jetzt der Magen. Weil der Fahrtwind und nicht der rund 100 PS starke Motor den Rotor antreibt, ist der Flug selten ruppig oder wacklig.

Für alle, die gerne Motorrad fahren, ist ein Gyrocopterflug das perfekte Erlebnis, nur mit ein wenig mehr Karbon statt Chrom. Um die 250 Kilo bringt er auf die Waage, da sind die meisten großen Motorräder schwerer. Man sollte sich aber etwas wärmer anziehen, hoch oben in der Luft ist es ziemlich zugig und kalt. Am besten Mütze und Handschuhe mitnehmen. Sonnenbrille und Sonnenschutz sollten auch nicht vergessen werden. Dann steht dem Genuss von Weite nichts mehr im Weg.

Angst um die Sicherheit muss man keine haben. Der Gyrocopter ist flugfähig, auch wenn der Motor ausfällt. Selbst fliegen kann man ihn allerdings nur, wenn man eine Lizenz hat. Aber man darf schon mal das Steuer kurz selbst übernehmen. Den Rest macht der Pilot, da muss man sich um die Landung keine Sorgen machen. 60 Minuten kosten 258 Euro. Dazu gibt es ein HD Video vom Flugerlebnis für 58 Euro, wenn gewünscht. Dann kann man den Flug zuhause noch einmal genießen.

Dynamic Spirit · Am Flughafen 8 · 79108 Freiburg · Tel. 07 61/5 03 62 70 · www.dynamicspirit.de · Haltestelle Freiburg am Flughafen, BuS11

Freiburg von oben hat seinen ganz besonderen Reiz.

Freimaurer in Freiburg

Romantisch, geheimnisvoll, gefährlich, verboten – die Liste der Adjektive, die die meisten Menschen mit den Freimaurern in Verbindung bringen, lässt sich beliebig fortsetzen. Wer hat nicht Dan Brown gelesen und war fasziniert von den dunklen Geheimnissen des Bundes.

Die Freimaurer selbst beschreiben ihre Grundsätze mit drei Substantiven: Menschlichkeit, Toleranz und Brüderlichkeit. Darüber hinaus pflegen sie Verschwiegenheit und Diskretion. Die beiden letzten Attribute haben wohl dazu geführt, dass man im Wirken des geheimen Bundes alles Mögliche vermutete. Doch was sind sie wirklich? Das findet man am besten bei einem Besuch heraus. Die Freiburger Freimaurerloge befindet sich in Merzhausen auf dem Schönberg, direkt hinter dem Jesuitenschloss. Die Loge »Aquarius« ist ein gelber Neubau, unscheinbar und unauffällig. Hier finden regelmäßig Logenabende mit Gästen statt (Termine auf der Homepage).

Vor der Aufnahme steht ein langer und intensiver Kennenlern-Prozess, an dessen Ende im Falle einer positiven Entscheidung der Loge die Initiation mit ihren besonderen Ritualen steht. Jene Rituale, die in Film und Literatur Stoff für die wildesten Spekulationen bieten und geboten haben.

Winston Churchill, Duke Ellington, Friedrich der Große, Johann Wolfgang von Goethe, Kurt Tucholsky, sie alle waren Freimaurer. Da das Freimaurertum auch immer ein intellektuelles Wirken für sich in Anspruch nimmt, bieten einzelne Mitglieder wissenschaftliche Vorträge zu einer ganzen Bandbreite von Themen an: Widerstand im Dritten Reich, Karl der Große oder Henry Dunant (Begründer des Roten Kreuzes).

Neben der Loge »Aquarius« gibt es noch zwei weitere Freimaurerlogen in Freiburg. Die Loge »Zu den Drei Tannen im Schwarzwald« und die »Zur edlen Aussicht«, die seit über 230 Jahren in Freiburg aktiv ist. Der weit verbreitete Glaube, Freimaurer seien ein Männerbund, ist falsch. Selbstverständlich können auch Frauen dem Bund beitreten oder sich einer Frauenloge anschließen.

Loge Aquarius · Schloßweg 1 · 79249 Merzhausen · Tel. 07664/1619 · www.loge-aquarius.de · Haltestelle Freiburg Vauban Mitte, S-Bahn S3, Gasthaus Grüner Baum, Bus 11

Vor allem bei schönem Wetter hat man vom Jesuitenschloss in Merzhausen einen großartigen Ausblick.
Der Neubau der Freimaurerloge »Aquarius« liegt etwas versteckt hinter dem Jesuitenschloss in Merzhausen.

30 Milch aus dem bunten Quartier

Nirgendwo ist Freiburg freiburgerischer als im Vauban, der alternativen Siedlung im Süden der Stadt, wo ökologische und sozialpolitische Überzeugungen geliebt und gelebt werden. Jorinde baut Solarspielzeug, ihre achtzigjährige Mutter hat ein Sozialhilfeprojekt in Bolivien. Sie wohnt in einem Mehrgenerationenhaus und in der Nachbarschaft leben junge Menschen mit Demenzkranken zusammen. Wohnen als soziales Anliegen. Aber in der bunten Welt voll Hängematten und spielender Kinder sind nicht nur die Menschen, sondern auch die Läden anders. Der Quartiersladen bietet eine Müslibar, Sojaprodukte, Bio-Wein, fairen Kaffee und Naturkosmetik.

Quartiersladen · Mo–Fr 8–19 Uhr, Sa 8–14 Uhr · Vaubanallee 18 · 79100 Freiburg · Tel. 07 61/4 01 97 72 · www.quartiersladen.de · Haltestelle Vauban Mitte, S-Bahn S3

31 Kinder, Kino und Kultur

Seit 2010 veranstalten die Freiburger Kinos einmal im Jahr ein Kinderfilmfest. Die Organisatoren sind davon überzeugt, dass Kino mehr ist als Dolby Surround und Popcorn. Deshalb zeigen sie zum Kinderfilmfestival nicht nur Filme, sondern bieten auch ein Begleitprogramm an, das vertieft und erklärt. Steht ein Hundefilm auf dem Programm, ist ein Hund aus dem Tierheim zu Gast im Kino, und es wird über Verantwortung gegenüber Tieren gesprochen. Eine Dokumentation über einen Jungen in Afrika, der unbedingt Fußballprofi werden will, wird begleitet von einem Fußballspieler aus der Freiburger Fußballschule. Gutes Filmprogramm für Kinder ist nach wie vor selten. Nicht aber beim Festival für die Kleinen.

Freiburger Kinderfilmfestival · ein Wochenende im Jahr im Kino Harmonie · Grünwälderstraße 16–18 · 79098 Freiburg · Tel 07 61/3 86 65 21 · www.friedrichsbau-kino.de · Haltestelle Bertholdsbrunnen, S-Bahn S1, S3, S5

Im kinderfreundlichen Quartier Vauban ist immer etwas los.
Ein Filmfest nur für die Kleinen – tolle Filme, schönes Begleitprogramm.

Rosenblütensekt – genießen in der Gärtnerei

Einen kräftig duftenden Kaffee bekommt man in Freiburg fast überall. Leckere Kuchen oder Torten in schönem Ambiente auch. Aber ein Café, in dem man sich zu jeder Jahreszeit ganz den Düften der Natur hingeben kann, das ist einzigartig und nur in Lehen zu finden.

Das Schönste am Blumencafé ist, dass man nie weiß, was für ein Blütenmeer einen erwartet. Als Heidi Rammo-Vonderstraß es 1998 eröffnete, wollte sie damit die Baumschule ihrer Eltern retten. Seither ist das Café zum Magneten geworden. Die gelernte Floristin dekoriert alle zwei Monate um, und während man den Kaffee genießt, dazu noch ein Stückchen von der leckeren Flockensahne vielleicht, kann man in aller Ruhe ihre Dekotipps aufsaugen oder einfach Blumenideen für Geschenke sammeln. Da war doch die Taufe, bei der man dem Kind der Freundin einen Baum schenken wollte …

Inzwischen bietet das Blumencafé auch Frühstück (alle haben Blumennamen, und »Gänseblümchen« oder »Vergissmeinnicht« schmecken schon dank des Namens noch viel frischer) und Abendessen (Schneckenrahmsüppchen!) an, und es ist, als hätte Freiburg nur darauf gewartet. Der Blick schweift vom Teller zu den blühenden Bäumen und Sträuchern, die die Luft rund um das Blumencafé mit ihrem Duft erfüllen. An sonnigen Tagen (und die gibt es oft in Freiburg) kann man den Blumenduft auch draußen genießen. Herrlich, das Gesicht in die Sonne zu halten und dem Gezwitscher der Vögel zu lauschen.

Es ist ein Ort, an dem vor allem Frauen ein Stückchen Lebensqualität entdecken, ganz unabhängig davon, ob sie 20 oder 50 sind.

Bei warmem Wetter kann man herrlich im Freien sitzen, an trüben oder regnerischen Tagen lockt die klare, weiße Schlichtheit des Cafés, das trotz aller Blumendeko nie überladen wirkt. Wo sonst kann man in Rosen schwelgen und auf den Kauf mit einem Rosenblütensekt anstoßen? Im Frühling wird im Blumencafé auch Fliedersekt probiert. Passend zur Deko natürlich.

Blumencafé · Di–Fr 10–22 Uhr, Sa, So, Feiertage 9–18 Uhr · Humbergweg 14a · 79111 Freiburg · Tel. 07 61/1 56 05 00 · www.blumencafe.de · Haltestelle Moosweiher, S-Bahn S1

Die traumhafte Deko inspiriert im Blumencafé.
Auch draußen kann man wunderbar sitzen und entspannt einen Michkaffe genießen.

Frank Küchlin gibt sein Wissen gerne weiter – sogar bis nach Afrika.
Der edle Geist lebt in der Flasche.

Der edle Geist
von Wolfenweiler

Edel brennt der Wolfenweiler, geistreich und gut. Die Meister des Destillats müssen sich keinesfalls hinter den Großen des Geschäfts verstecken. Wolfenweiler hat in den vergangenen Jahren einiges an Renommee dazugewonnen.

Das Besondere am badischen Schnaps ist seine Vielfalt. Von A wie Apfelbrand bis Z wie Ziebärtle (Wilde Pflaume) reicht das fruchtige Sortiment. Frank Küchlin vom Böttchehof am Batzenberg hat für seine edlen Bränden schon viele Auszeichnungen verliehen bekommen, zum Beispiel den Goldenen Preis mit Höchstnote für sein Zwetschgenwasser. Seit über drei Jahrzehnten brennt er die leckersten Schnäpse. Und er gibt sein Wissen weiter, sehr viel weiter. In Namibia brannte Küchlin vor einigen Jahren Schnaps aus Affenorangen. Er war nach Afrika gereist, um Schnaps-Entwicklungshilfe zu leisten. Doch statt Tipps zu geben, musste er vor Ort die Brennerei erst einmal aufbauen. Küchlin brachte alles zum Laufen und begann, aus einheimischen Früchten Schnaps zu brennen. Der Schnaps aus Affenorangen soll für die Touristen gebrannt werden, eine Einnahmequelle für strukturschwache Regionen möglicherweise nicht nur in

► **Trester-Wurstessen. Immer freitags im Oktober werden auf dem Böttchehof im historischen Brennkessel Würste aus Traubentrester zubereitet. Ein einzigartiges Geschmackserlebnis.**

Namibia. In Zukunft will sich Küchlin auch an Kaktusfeigen und Dattelpalmen wagen. Seine Erfahrungen sind hierfür sehr wertvoll.

Zu Hause im Süden von Freiburg produziert er mehr als 30 verschiedene Bränden und Liköre. »Der einzige Geschmacksverstärker, den es bei mir gibt, ist meine Leidenschaft«, sagt Küchlin und schenkt beste Bränden aus Obst vom Batzenberg aus. Wer will, kann bei ihm in Schallstadt-Wolfenweiler auch das badische Schnapsdiplom machen. Frank Küchlin führt den großen Hof (Wohnhäuser, Schenke, Hof, Brennstube und Scheune) bereits in der zweiten Generation, mit modernen Ideen und Traditionsbewusstsein, die ideale Mischung für gute Qualität.

Böttchehof · Basler Straße 76a · 79227 Schallstadt · Tel. 0 76 64/73 77 · www.boettchehof.de · Haltestelle Schallstadt, S-Bahn S3, Bus 7240, RE und RB

Wo wochentags
Motoren röhren

Für Motorradfahrer gibt es viele schöne und anspruchsvolle Touren rund um Freiburg, aber nur eine ist Kult. Eine anspruchsvolle Bergstrecke hinauf auf den Schauinsland zieht unter der Woche die Biker magisch an. Am Wochenende ist die Strecke für Motorradfahrer gesperrt.

Es gibt Kurven, die sind Mythen im Rennsport. Echte Klassiker, die die Rennfans immer und überall erkennen würden. Kurven mit Geschichte und Geschichten. Klassiker aus Teer und Asphalt. Die Kurve an der Holzschlägermatte ist so ein Klassiker, viel mehr als nur eine Richtungsänderung der Fahrbahn.

In den vergangenen Jahrhunderten wurde auf dieser Strecke das Holz vom Schwarzwald nach Freiburg hinunter gefahren. 1925 fand hier das erste Rennen statt: 12 Kilometer, 780 Höhenmeter, unfassbare 100 000 Zuschauer sahen zu. Das Rennen hinauf auf den Schauinsland wurde zu einem der be-

Die Holzschlägermatte ist Ausflugslokal und Bikertreff in einem.

liebtesten Bergrennen Deutschlands, nicht nur für Motorradfahrer. Keine Strecke ist länger und hat mehr Kurven. In den Anfängen waren es 173 auf unbefestigter Straße. Kurz nach der Kurve auf der rechten Seite steht heute noch ein kleines Gebäude, das für den Rennbetrieb genutzt wurde. An der Holzschlägermatte wurde 1931 sogar der Große Bergpreis von Deutschland ausgefahren. Heute herrscht Stille an den Wochenenden. Die Motorradfahrer dürfen diese Strecke von April bis November samstags und sonntags nicht befahren. Es gab zu viele schwere Unfälle in der Vergangenheit. Bei

▶ Wer gemütlich einen Gang runterschalten und zuschauen will, der Waldgasthof Holzschlägermatten hat wieder geöffnet und räuchert seine Forellen frisch, und auch das Brot wird täglich selbst gebacken.

gutem Wetter sammeln sich die Biker wochentags im Gasthaus Holzschlägermatte an der Kurve und lauschen. Man hört die Motorräder schon von Weitem, hört sie Gas geben, dann runterschalten, dann mit Vollgas aus der Kurve kommen. Aber auch Wanderer und Ausflügler mit dem Auto kehren hier gerne ein.

Gasthaus Holzschlägermatte · Mo–So 11–22 Uhr · Schauinslandstraße 359 · 79117 Freiburg · Tel. 0 76 02/9 20 91 40 · www.holzschlaegermatte.de · mit dem Auto oder wochentags mit dem Motorrad, keine öffentl. Verkehrsmittel

35

Schauinslandbahn –
Literatur trifft Frühstück

Was ist 1284,4 Meter hoch und gehört zu Freiburg wie der Eifelturm zu Paris? Natürlich der Schauinsland, von den Freiburgern liebevoll Hausberg genannt. Der Schauinsland ist beliebt wegen seiner Aussicht (bei gutem Wetter von den Vogesen bis zu den Alpen) und der vielen Wanderwege.

Natürlich kann man vieles schreiben über den Schauinsland: über das Engländerdenkmal, die Windbuchen, die Bahn mit ihrer Technik. Oder man überlässt ganz einfach anderen das Schreiben, setzt sich hin und hört zu, während man am Kaffee nippt. Denn in der Bergstation der Schauinslandbahn trifft Literatur auf Frühstück. Der Mörder hat bereits zugeschlagen, aber das nächste Opfer sitzt ahnungslos in der einsamen Waldhütte, während er sich nähert. In der kurzen Pause vor dem zweiten Mord, schnell noch einen kräftigen Bissen ins knusprige Croissant, dann gilt die Aufmerksamkeit wieder der Autorin, die aus ihrem Krimi liest. »Kaffee mit Schuss – Literatur trifft Frühstück« heißt die Reihe im Angebot der Bergstation. Mit dem Kombiticket (Berg- und Talfahrt sowie Frühstück) einfach nach oben schweben und für sieben weitere Euro Literatur dazu genießen. Als Alternative gibt es im Winter das Kombiticket Käsefondue, ein romantisches Erlebnis an kalten Tagen, wenn draußen die weiße Pracht lockt und drinnen die Holzscheite im Kamin prasseln. Zum aromatischen Käsefondue gibt es allerdings keinen Mord. Dafür aber Brot und kühlen Weißwein.

Nur 15 Minuten Fahrt mit atemberaubenden Ausblicken, dann hat man die Qual der Wahl: Natur oder Literatur. Die Schauinslandbahn ist zu jeder Tages- und Jahreszeit das passende Erlebnis. Ob Nebelmeer im Herbst oder blutroter Sonnenuntergang im Sommer, ob Mordkomplott oder einfach nur Bewegung an der frischen Luft. So ziemlich jeder Freiburger dürfte mindestens einmal in seinem Leben mit der Schauinslandbahn auf den Hausberg gefahren und wieder runtergewandert sein. Einen perfekten Tag mit jeder Menge Alpenflair gibt der Schauinsland allemal her.

Bergstation Schauinslandbahn · Frühstück von 9–11.30 Uhr · Schauinslandstraße 390 · 79117 Freiburg · Tel. 0 76 02/7 71 · www.diebergstation.de

Einen Krimi zum Kaffee? Das gibt's auf dem Schauinsland.

Feinster Käse aus dem Schwarzwald. Vielfältig und bio!

Alles Käse im Schwarzwald

Nichts ist so herrlich sinnlich wie eine Fahrt entlang der Käseroute. Von Münstertal aus geht es hinauf auf die klaren Höhen, die bunten Sommerwiesen duften, vor den romantischen Schwarzwaldhöfen weiden gemütlich die Milchkühe, und in den insgesamt 19 Hofkäsereien der Route locken würzige Bioprodukte.

Die Käseroute im Südschwarzwald ist gelebter Bio-Lifestyle, handgemacht, hausgemacht, frisch gemacht. Das Angebot ist so vielfältig wie die Höfe entlang der Strecke im Naturpark Südschwarzwald. Und jeder Hof hat anderen Käse im Angebot. Die einen streuen Wiesenblumen in den Käse, die anderen verpacken den Bibeleskäs frisch im Hofladen, die nächsten lassen ihren Bergkäse lange und liebevoll im Holzregal reifen. Die Erzeuger bieten meist nicht nur Käse an, es gibt Führungen oder Kurse zur Herstellung sowie Honig, Marmelade, Schnäpse oder Likör zu kaufen. »Selbst erzeugt« ist die Geheimformel, die den Boom auslöste. Im Jahr 2000 haben sich einige Höfe der Region zur Käseroute zusammengeschlossen. Die über 60 000 Touristen im Jahr, die die Region besuchen, schauen gerne bei den Käsereien vorbei. Der regionale Käse hat Hochkonjunktur und das nicht ohne Grund, denn man schmeckt die sonnigen Weiden des südlichen Schwarzwalds, die gute Luft, und man möchte schwören, dass die Kühe nirgendwo glücklicher sind.

Wer vom Münstertal aus in die Käseroute einsteigt, sollte unbedingt im Romantik-Hotel Spielweg anfangen und den sanften Frischkäse aus Molke probieren, dann am Glocknerhof den herzhaften Räucherkäse mitnehmen, der hervorragend mit der dortigen rezenten Ziegensalami harmoniert und im Neumatthof den Kräuterkäse oder den hervorragenden Ziegenkäse probieren. Weil die Erzeuger direkt ab Hof verkaufen und in der Regel nicht beliefern, können sie rentabel arbeiten. Den Kunden bleibt die Anfahrt, aber die ist auf der Käseroute Teil des Erlebnisses. Wer glaubt, es ist alles Käse im Schwarzwald, der hat auf jeden Fall so was von recht.

Die Käseroute · Informationen und Karte: www.naturpark-suedschwarzwald.de/essen-trinken/kaeseroute

Chanderli

*Es raucht, es faucht, es rattert. S'Chanderli isch do. Die Kandertal-
bahn, ein Museumszug, in dem viel Arbeit und Liebe steckt und der
nicht nur für Eisenbahnenthusiasten und Zugliebhaber viel Spaß
garantiert auf dem Weg von Basel nach Freiburg.*

Zwischen 1894 und 1895 wurde die Bahn gebaut. Früher führte sie über
12,9 Kilometer von Haltingen nach Kandern. Knapp 100 Jahre später zer-
störte ein schwerer Sturm die Gleise gleich an mehreren Stellen. Die Bahn
gab daraufhin die Nebenlinie auf, bis eine Interessengemeinschaft die Strecke und die Bahn renovierte und seit 1986 auch wieder betreibt. Diesen
leidenschaftlichen Liebhabern alter Eisenbahnen ist es zu verdanken, dass
die Kandertalbahn auch heute noch fährt.

Die historischen Loks (Diesel und Dampf) zuckeln unter Glockengebim-
mel und Getöse Richtung Schweiz. Die Kandertalbahn ist eine echte Bim-

Da faucht s'Chanderli! Ein Museumszug, der von Basel nach Freiburg fährt.

melbahn. Da wäre die Dampflok 30 aus dem Jahr 1904 oder die Diesellokomotive EM 3/3, ein Einzelstück der Firma Krupp aus dem Jahr 1954, derzeit aber ohne Zulassung. Die Personenwagen stammen aus dem 19. und 20. Jahrhundert. Faszination Eisenbahn, ganz weit weg von Handytickets und überfüllten ICEs mit geänderter Wagenreihung.

Von Haltingen geht es über Binzen und Rümmingen nach Wittlingen. Insgesamt überwindet die Kandertalbahn zwei Brücken, eine davon in Wollbach. Nach Hammerstein beginnt der landschaftlich schönste Streckenabschnitt. In der Wolfschlucht gab es in den Anfangsjahren der Bahn ganze drei Anschlüsse zu den dortigen Steinbrüchen, die Bahn beförderte die Arbeiter. Kurz vor Ende der Strecke überquert sie auf der zweiten Brücke die Kander. Nach 45 Minuten ist sie am Ziel. Dabei könnte man gefühlt noch ewig so weiterfahren. Wer will kann anschließend auch eine Lokschuppenführung mitmachen. Die meisten wollen natürlich. Traditionell beginnt die Chanderli-Saison am 1. Mai und endet im Oktober.

▶ **Die Keramik-Werkstätten in Kandern lohnen sich. In der Alten Schmiede gibt es Töpferwaren und regionale Naturkost, in der Kunstwerkstatt Holzen auch eine Weberei.**

Kandertalbahn · von Freiburg aus alle 60 Minuten mit RE oder RB bis Haltingen Bahnhof · www.kandertalbahn.de

Die Mountainbike-Olympiasiegerin Sabine Spitz.
Die Strecke in Bad Säckingen ist für Rad und Fahrer eine große Herausforderung.

38

Cross Country
mit olympischen Ehren

Das Mountainbike ist wahrscheinlich das beliebteste Sommersportgerät in der Region rund um Freiburg. Berge locken Stollenreifenenthusiasten zu jeder Jahreszeit. Die ultimative Herausforderung aber wartet in Bad Säckingen, eine Mountainbikestrecke der Extraklasse.

Das Vorderrad zieht sicher durch den Schlamm, doch dann fordert der nächste Drop die Federung, die Downhill-Passage erfordert alle Kraft am Lenker, wer die Technik nicht drauf hat, der wird Probleme bekommen auf der Bad Säckinger Mountainbikestrecke. Konzipiert hat sie Sabine Spitz, die hier geboren wurde und bei olympischen Spielen so erfolgreich war wie keine andere Deutsche: Gold, Silber und Bronze. Dazu war sie Weltmeisterin, Europameisterin und unzählige Male Deutsche Meisterin. Die Ausnahmeathletin aus dem Hotzenwald gilt als überragende Technikerin, und das merkt man ihrer Strecke auch an.

Die »Gold-Trophy-Sabine-Spitz« wurde 2012 mit der Deutschen Meisterschaft eingeweiht. Sie ist 3,9 Kilometer lang, 144 Höhenmeter sind zu überwinden. Hier gibt es alles an technischen Herausforderungen, was ein Mountainbiker zum Trainieren braucht, am spektakulärsten sind vielleicht die Steilwandkurven. Die besonders anspruchsvollen Streckenteile können dabei jeweils umgangen werden (es gibt eine A- und eine B-Strecke).

Sabine Spitz selbst wohnt und trainiert noch immer hier im Hotzenwald, neben Bad Säckingen gehören Vancouver, Lugano und London zu ihren Lieblingsstrecken.

Die ultimative Mountainbike-Herausforderung beginnt direkt am Waldbad in Bad Säckingen. Dann heißt es, Hände am Lenker halten und in die Pedale treten. Die Weltklasse des Mountainbikesports trainiert hier. Wer überholt wird, sollte also ganz genau hinschauen von wem. Es könnte durchaus ein Weltmeister oder eine Olympiasiegerin sein, die gerade an einem vorbeizieht.

Mountainbikestrecke Bad Säckingen · Waldbad, Bannweg 2 · 79713 Bad Säckingen · www.dm-mtb.de · Haltestelle Bahnhof Bad Säckingen, alle 40 Minuten vom Bahnhof Freiburg mit IC, RE, RB, Fahrzeit 1 Stunde, Fahrrad im Nahverkehr Tagesticket 5 €

Die Brauerei Waldhaus hat eine lange Tradition.
Hier entsteht der besondere Geschmack des Biers.

Tag des Biers
im Hotzenwald

Einer der wichtigsten Bestandteile eines guten Biers ist das Wasser, aus dem es gebraut wird. Rein und frisch muss es sein, klar und sauber. So wie das Wasser im Hotzenwald, des Schwarzwalds wilder Süden, wo es so oft regnet wie nirgends sonst hier. Natur, die man schmecken kann.

Brauereien gibt es viele in der Region, die Privatbrauerei Waldhaus nimmt dennoch eine besondere Stellung ein. Seit 1833 wird hier Bier gebraut doch der Kick liegt in der Moderne, die alljährliche Sudhaus-Party ist legendär. »Tag des Biers« ist der 23. April, aus dem schlichten Grund, weil am 23. April 1516 vom bayerischen Herzog Wilhelm IV. in Ingolstadt das deutsche Reinheitsgebot verkündet wurde, das seitdem Bestand hat. Auch im Hotzenwald natürlich oder vielleicht gerade da ganz besonders, denn das Waldhaus-Bier wurde vielfach prämiert: »World's Best Beer« ist nur eine der Auszeichnungen, die die Brauerei schon mehrfach erhalten hat.

Die Party steigt am Wochenende nach dem »Tag des Biers« im Sudhaus. Eine Stunde lang wird ausgeschenkt, was der Keller hergibt, dann kann getanzt werden. Eine Band aus der Region sorgt für Stimmung. Der Eintritt ist frei. Die Mitternachtsparty hat es in sich, anschließend besser nicht mehr fahren, stattdessen sollte man sich frühzeitig um einen Fahrer oder ein Zimmer kümmern. Das Angebot in Waldhaus ist überschaubar, deshalb rechtzeitig buchen!

Und das Besondere am Bier? Waldhaus verwendet Naturhopfen, den nehmen nur noch knapp zwei Prozent aller deutschen Brauereien, die meisten verwenden inzwischen Hopfen-Pellets oder gar Extrakt. Den Unterschied schmeckt man, das Hopfenaroma ist voll und weich, bis zu sieben verschiedene Naturhopfensorten werden je nach Biersorte verwendet. Braukunst, die Kenner sofort schmecken. Am liebsten natürlich bei der Sudhausparty.

Wer übernachtet kann am nächsten Tag mit einem gemütlichen Spaziergang den Kopf wieder frei bekommen.

Privatbrauerei Waldhaus · Mo–Fr 7–16 Uhr · WaldhauS1 · 79809 Waldhaus · Tel. 0 77 55/9 22 20 · www.waldhaus-bier.de · Haltestelle Seebruck Bahnhof, RB, dann Bus 7319 Rathaus Häusern und Bus 7322 bis Waldhaus

Schwarzwaldforellen selber angeln

Sie gehören zum Schwarzwald wie die Kirschtorte und der Schinken: Schwarzwaldforellen. Die Forellenzucht Westermaier benutzt keine Antibiotika. In frischem Schwarzwaldwasser und in mehreren Teichen ziehen sie die Fische groß. Inmitten des Egginger Mattentals, wo Weiden und Mischwälder dem Schwarzwald ein offenes Gesicht verleihen. Wer im Hofladen einkaufen will, der bekommt eine Vielzahl von Fischprodukten. Man darf auch selbst Angeln, ohne Angelschein, und bezahlt dann den Fisch nach Lebendgewicht. Anschließend kann man den Fang (Foto nicht vergessen!) an einer der Grillstellen direkt zubereiten.

Forellenzucht Westermaier · April–Sept. Do–So 9–19 Uhr, Okt.–März Do–So 10–17 Uhr · Bonndorferstraße 59 · 79805 Eggingen · Tel. 0 77 46/5 49 · www.forellen-wm.de

Reiterglück im Park des Fürsten zu Fürstenberg

In den fürstlichen zu Fürstenbergischen Parkanalagen zu Donaueschingen sind einmal im Jahr die Pferde los. Vier Tage lang wird gesprungen, durch Wassergräben gefahren, der Schläger geschwungen und der Zylinder gezogen. Vom Dressurviereck klingt klassische Musik herüber. Vorne schnaubt ein Wallach am Abreiteplatz. Auf der Haupttribüne kann man sich an einem Tag viele Wettbewerbe ansehen und in den Pausen an den Marktständen Handschuhe, Sättel und Reiterstiefel kaufen. Am Poloplatz würde es nicht überraschen, wenn Prinzessin Anne auftauchte. Oder ihre Tochter Zara Phillips, die Lieblingsenkelin der Queen.

Fürstlich Fürstenbergisches Schlossmuseum · 78166 Donaueschingen · www.fuerstenberg-kultur.de, www.haus-fuerstenberg.de · Der CHI Donaueschingen findet alljährlich im Herbst in der Parkanlage des Schlosses statt. · www.chi-donaueschingen.de · Haltestelle Donaueschingen, Schwarzwaldbahn, Höllentalbahn, Donautalbahn

Wer Zeit und Muße hat, der kann sich mit der Angel selbst um sein Mittagessen kümmern.
Gespannfahrer im Parcours des fürstlichen Parks in Donaueschingen.

42

Panoramarodeln
am Skilift Schwärzenbach

Schlittenspaß hängt natürlich immer an einer entscheidenden Sache: Hat es Schnee? Wenn ja, dann ist die Panoramarodelbahn am Skilift Schwärzenbach die beste Wahl. Der Rodelhang mit atemberaubendem Ausblick liegt nur einen Schneeballwurf vom Skilift entfernt. Perfekt geeignet für Familien, die Skifahren und Rodeln wollen.

Rund 500 Meter sind es bis zum Ende des Rodelhangs, der für absolute Anfänger einen Hauch zu anspruchsvoll ist, aber nicht zu den ausgesprochen schwierigen Hängen für Rodelbegeisterte im Schwarzwald gehört. Das Gasthaus Ahorn und das Café Feldbergblick bieten Wärme, falls die Füße irgendwann mal nass und die Nasen kalt sind. Im sieben Kilometer entfernten Oberschollach stand beim Schneckenhof einst der erste Skilift der Welt. Heute ist nichts mehr davon übrig, aber damals war er das deutlich sichtbare Zeichen Schwarzwälder Erfindungsgeistes. Robert Winterhalder nutzte die Wasserkraft seiner Mühle für den Antrieb, ganz im Freiburger Ökosinn des 21. Jahrhunderts. Das alte Mühlhaus steht heute noch, und auch die Nachkommen von Robert Winterhalter leben noch im Schneckenhof. Dort wurden einst Kurgäste verwöhnt. Ihnen hatte man Rodeln empfohlen, ein Sport, von dem man glaubte, dass er bei Blutarmut helfen könne. Nur der Aufstieg war für die geschwächten Gäste zu beschwerlich, deshalb die Idee von Robert Winterhalder mit dem Lift: »Un dann ziehe mir die Gäscht do nuff.« Und genau das haben die Winterhalders mit ihrer Erfindung viele Jahre lang getan.

Der erste Skilift der Welt wurde am 14. Februar 1908 eröffnet und hatte den sperrigen Namen »kontinuierliche Drahtseilbahn mit Anhängevorrichtung für Rodler und Skiläufer«. Das Seil war 280 Meter lang und überwand 32 Höhenmeter. Von hier aus trat der Skilift seinen Siegeszug in die ganze Welt an. Es dürften Hunderttausende auf der ganzen Welt sein, die schneehungrige Skifahrer und Snowboarder auf Pisten, Gletscher oder Abfahrten ziehen.

Ob das Rodeln aber tatsächlich die Blutarmut der Kurgäste kurierte, ist nicht überliefert.

Skilift Schwärzenbach · Mo–Fr 13–17 Uhr Sa, So 10–17 Uhr · Schwärzenbach 7 ·
79822 Titisee-Neustadt · Tel. 0 76 57/10 32 · www.schwaerzenbach.de ·
ab Titisee-Neustadt Bus 7262 bis Titisee-Neustadt Sternenhütte, dann zu Fuß 25 Minuten

Winterspaß im Schwarzwald

Hier geht's bis auf den dunklen Grund hinab.

Höhentauchen am Schluchsee

Hinauf zur dunklen Tiefe! Einmal Schnuppertauchen im größten See des Schwarzwalds. Ein wahrhaft mystisches Erlebnis in einer fremden und magischen Welt, die man ganz sicher nie wieder vergisst. Ein geheimnisvoller kühler Zauber, Schwarzwalddunkel unter Wasser.

»Der See lässt einen einfach nicht mehr los«, sagt Majki, der gerade von einem Tauchgang im See zurückkommt. Es ist Ende Dezember, und man möchte dem Tauchlehrer einen gewissen Hang zum Masochismus unterstellen, doch wenn Jurek »Majki« Majkowski vom Tauchen im Schluchsee erzählt, dann merkt man ihm die Begeisterung an. »Wenn man hier taucht, wird man ganz klar im Kopf.« Er weiß, wovon er redet, er betreibt noch eine Tauchschule in der Karibik. Aber nur auf den ersten Blick scheint die Karibik verlockender als der Schwarzwaldsee.

Tauchen im Schluchsee ist eine Zeitreise in eine unwirkliche und magische Fantasiewelt. Grüngrau und dunkel ruht der See, der knapp tausend Meter über dem Meeresspiegel liegt. Er ist leicht zugänglich, im Prinzip kann man mit dem Zug anreisen und vom Bahnsteig direkt eintauchen. Der See birgt Aale, Zander, Forellen und Hechte. Denen unter Wasser zu begegnen ist nicht jedermanns Sache, aber die meisten interessieren sich ohnehin vor allem für die Überreste der alten Staumauer, die ehemalige Poststraße und die Brücke, die nach der Flutung nun am Seegrund ertaucht werden wollen. Ein unwirkliches Gefühl, über eine Straße zu schweben und im Wasser über eine Brücke zu schwimmen.

Die Anfänger werden geschult, eingewiesen und betreut, von Majki oder einem der ausgebildeten Tauchlehrer. Hier achten alle sorgsam auf die Neuen, nicht zuletzt auch Aquadog Krümel, ein gut gelaunter Boxer mit Herz für Sauerstoffflaschen. Ein Schnupperkurs kostet nur 50 Euro, wer danach einen Anfängerkurs belegt, der bekommt das auf die Kursgebühr angerechnet.

Tauchbasis Schluchsee · Seebrugg 14 · 79859 Schluchsee · Tel. 0 76 56/9 88 81 76, www.tauchbasis-schluchsee.de · Haltestelle Bahnhof Seebruck, RB, die Tauchschule befindet sich im Bahnhof

Unter Baumschläfern

Warum nicht mal mit Hans, Franz oder Willie die Nacht verbringen?
Das könnte ein Spaß werden, den man so schnell nicht vergisst, denn
Hans, Franz und Willie sind keine durchtrainierten Schwarzwald-
männer, sondern Baumzelte im Schwarzwaldcamp am Schluchsee.
Ein Zelt im Baum? Ein Zelt im Baum!

Es ist eine Erfahrung für Abenteuerlustige und Romantiker zugleich. Hoch oben in den Bäumen ist der Himmel weiter, die Sterne glitzern näher, und die Vögel zwitschern nur eine Armlänge entfernt. Der Blick in die Baumspitzen entspannt. Einfach in den Schlafsack kuscheln und lauschen. Es rauscht in den Wipfeln, und nie fühlte man den Wald so nah wie in dieser Nacht.

Wie ein unbekanntes Flugobjekt hängt das Zelt zwischen zwei Bäumen, und gerade in der Dämmerung mit Beleuchtung vor dem Schwarzwald-

Wie ein Ufo hängt das Zelt zwischen den Bäumen.

dunkel wirkt es außerirdisch, als sei ein schimmerndes Ufo gerade dabei, im Wald zu landen. Auf Kinder übt es eine unfassbar große Anziehungskraft aus. Die hat auch die Pizza im Seestüble, dem Campingplatzrestaurant, denn vor dem Baumzelt kochen geht. Die Baumzelte sind für zwei Personen konzipiert: »Willie« ist in drei Metern Höhe die Wahl für geübte Baumschläfer, »Hans« und »Franz« hängen einen Meter tiefer. Alle drei sind für je zwei Personen ausgelegt und kosten 79 Euro die Nacht.

Raphael Kuner vom Schwarzwaldcamp ist Outdoormensch, er stammt aus Furtwangen und ist ständig auf dem Wasser, im Kanu, auf dem SUP-Board, im Canadier oder Seekajak. Der Outdoorlehrer beherrscht sie alle, und er will seine Leidenschaft für die Natur weitergeben. Das tut er mit dem Schwarzwaldcamp am Schluchsee, wo man nicht nur im Baum schlafen kann. Hier geht auch Camping mit Stil, also Glamping (setzt sich aus den beiden englischen Wörtern »glamorous« und »camping« zusammen). »Chez Alfons« ist die Campingsuite für zwei mit Doppelbett und Kerzen in der Küchenkiste. Glamping geht auch im Winter, mit einem kleinen Öfchen, einer Petroleumlampe und Briketts kommt Gemütlichkeit auf.

RAFFTAFF · ab April · Im Wolfsgrund · 79857 Schluchsee · Tel. 0 76 24/98 04 60 · www.rafftaff.de · Haltestelle Bahnhof Schluchsee, RB

In diesem Schwarzwaldhaus wohnte der berühmte Professor Brinkmann.
Heute ist es ein Museum zum Mitmachen.

Das Hüsli
von Prof. Brinkmann

45

Wenn irgendein Ausflugsziel widerspiegelt, dass der Schwarzwald längst nicht mehr nur Tradition (»Die Schwarzwaldklinik«), sondern auch jede Menge Moderne ist, dann das Hüsli, das Schwarzwaldhaus der Sinne in Grafenhausen. Hirschgeweih meets Comic, und der Herrgottswinkel ist bunt wie nie.

Das Hüsli ist eine perfekte Symbiose von Alt und Neu, die zu einem ganz außergewöhnlich spannenden Museum geworden ist. Hier ist Heimat Zukunft, und man kann mit allen Sinnen Schwarzwaldleben erLEBEN. Wie riecht etwas, wie hört es sich an, wie sieht es aus, wie fühlt es sich an? Die Antworten sind so vielfältig wie die Exponate. Es ist eine Abenteuerwelt für alle Altersgruppen und damit ideal für Familien. Wer sieht was im Ort, warum sorgt der Gong für ein Kribbeln im Bauch, wie sehen Bienen, und wie fühlt sich das Fell eines Marders an? Viele Fragen, viele Antworten. Die Nase führt einen im Blumengarten in die Irre. Auf dem Barfußpfad und im Dunkelgang müssen an-

▶ **Im Skulpturenpark in Grafenhausen ist zeitgenössische Kunst ausgestellt. Perfekt als Kontrastprogramm.**

dere Sinne einspringen. Danach weiß man, ob Dinge im Dunkeln anders schmecken. Schwarzwald zeitgemäß und spannend erleben. Die Macher ruhen sich nicht aus. Im Dachgeschoss soll es bald einen Bereich »Zeit-Entschleunigung« geben, Ausstellungen verbreitern das Spektrum, und seit Ende 2014 gibt es auch ein kleines Bistro mit Snacks und Erfrischungen.

Die kleine Gemeinde am Schluchsee ist nicht sonderlich bekannt, das Hüsli schon, hatte es doch eine zentrale Rolle in der Fernsehserie »Schwarzwaldklinik«, hier wohnte Professor Brinkmann. Da werden all jene, die sich noch an die Serie erinnern, richtig nostalgisch. Was erlebten Klausjürgen Wussow und sein Seriensohn Sascha Hehn (späterer Traumschiffkapitän mit hohem Schmachtfaktor) doch für Dramen und romantische Verwicklungen just hier in diesem Haus! Für alle anderen ist das Hüsli ein wunderschön erhaltenes Schwarzwaldhaus und ein Stück neu interpretierte Heimat.

Museum Hüsli · Di 13.30–17 Uhr, Mi–So 10–12 und 13.30–17 Uhr · Hüsli 1 · 79865 Grafenhausen-Rothaus · Tel. 0 77 48/2 12 · www.hochschwarzwald.de/Rothauser-Land/Heimatmuseum-Huesli · Haltestelle Hüsli, vom Bahnhof Seebrugg Bus 7343 und 7342

Innenhof des Klosters St. Blasien.
Beschaulich liegt St. Blasien in der Schwarzwälder Landschaft.

Kettensägenkünstler und andere Holzartisten

Laut knattert der Zweitaktmotor, es riecht nach Benzin und Holz. Begleitet von einem angeregten Stimmengewirr, fliegen jedes Jahr am Domplatz in St. Blasien die Späne, dann findet das Bildhauersymposium statt, und man kann überall im Städtchen Holzkunst entstehen sehen.

Der Anfang ist grob und laut. Die Bildhauer bekommen klobige Holzstämme und ein Thema, den Rest erledigen sie in einer Woche, direkt in den Straßen St. Blasiens. Kunst entsteht spontan, im Austausch mit den anderen Künstlern oder häufig auch mit den Besuchern. Der Schaffensprozess ist öffentlich. Man ist ganz nah am künstlerischen Akt, kann direkt vergleichen, Entwicklungen verfolgen. Das ist in einem Museum oder einer Galerie nicht möglich. Beim Bildhauersymposium in St. Blasien schon.

Sie kommen von überall her: Polen, Italien, Schweden, Waldshut-Tiengen. Manche arbeiten ausschließlich mit Holz, andere verwenden eine Vielzahl von Materialien. Auch ihre Herangehensweise ist unterschiedlich, von abstrakt bis naiv, figürlich oder fantastisch, die Vielfalt ist überwältigend. Alle bearbeiten ein Motto, 2014 war es »Feuer und Wasser«.

Kettensägenkünstler sind auch beim Symposium dabei, ihre Werke aber keineswegs so grob, wie es klingt. Die Sägeblätter sind deutlich filigraner als die handelsüblichen großen. Auch Schleifmaschinen kommen zum Einsatz. Staunende Kurgäste inmitten des lauten Treibens. Kunst überall. Stille aber ist selten. Erst gegen Ende der Woche, wenn das Sandpapier zum Einsatz kommt, wird geschmirgelt, und die Motoren bleiben stumm.

Am Ende des Symposiums wird der Publikumspreis verliehen. Die Skulpturen können dann auch ersteigert werden. Was nicht verkauft wird, bleibt Eigentum der Stadt St. Blasien, die mit dem eingenommenen Geld im nächsten Jahr wieder neue Künstler einlädt, die unter einem neuen Motto neue Skulpturen erschaffen. Kunst im Kreislauf seit über 20 Jahren. Am Finalsonntag gibt es einen Kunsthandwerkermarkt und Livemusik.

Tourist-Info St. Blasien · Mo–Fr 9–12 Uhr und 14–17 Uhr, Sa 10–12 Uhr · Am Kurgarten 3 · 79837 St. Blasien · Tel. 0 76 72/4 14 30 · www.tourismus.stblasien.de, www.holzbildhauersymposion.de · Bus 7319 ab Schluchsee

Von Huskies, Mushern und dem Wettkampf im Schnee

Stimmengewirr, Hundegebell, der Schnee knirscht kalt unter den Schuhen, durch die Lautsprecheranlage wird der nächste Starter ausgerufen. Aufgeregte Hundestimmen mischen sich mit dem Applaus, der einen Schlitten ins Ziel begleitet. Ein kühler Wind streift über die Hügel, es riecht nach Weite und Einsamkeit.

Ein Hauch von Alaska weht durch den Schwarzwald, wenn in Todtmoos der Schnee glitzert und die stahlblauen Augen der Huskies erwartungsfroh auf ihre Schlittenführer schauen. Im Sommer sieht man sie rund um Todtmoos und Bernau häufiger trainieren. Die Schlitten auf Rädern werden auch dann von den Gespannen eifrig gezogen, der Musher gibt den Ton an und je nach Größe des Gespanns, folgen zwischen 2 und 12 Hunden seinen Anweisungen. Der Führhund läuft vorne, er ist der erste Ansprechpartner für den Schlittenführer. Führhunde sind verantwortungsvolle Hunde, in Alaska hängt mitunter das Leben von ihnen ab. Sie haben den Instinkt, den man nicht trainieren kann. Der Musher muss sich auch ein Stück weit auf diesen Instinkt verlassen, und diese besondere Bindung zwischen Leithund und Mensch kann bei einem Rennen den Erfolg ausmachen. Huskies sind wilde Hunde, die viel Bewegung brauchen. Oft sind es Mischlinge, die die besten Schlittenhunde abgeben. Man kennt sie aus den legendären Geschichten Alaskas, jene Hunde, die ihren Herrchen das Leben retteten, oder der legendäre Balto, der sterbenden Kindern rettendes Serum 1000 Meilen weit trug.

Im Rennen erreichen die Schlitten bis zu 40 Kilometer in der Stunde, eine rasante Angelegenheit. Auf den Strecken rund um Todtmoos mit Steigungen, Gefälle und vielen zum Teil engen Kurven macht es Spaß, einfach nur am Rand zu stehen und zuzusehen, die Atmosphäre in sich aufzusaugen und von Abenteuern in Alaska zu träumen. Schlittenhunderennen haben auch in Bernau Tradition, und sie sind, ob Sprint oder Langdistanz, international besetzt. 2000 Hunde und 300 Musher bringen mehr als nur einen Hauch von Alaska in den Schwarzwald.

Tourist-Info Todtmoos · Mo–Fr 9.30–17 Uhr, Mai–Okt. auch Sa, So 10.30–12 Uhr · Wehratalstraße 19 · 79682 Todtmoos · Tel. 0 76 74/9 06 00 · www.todtmoos.de · Transfer zum Renngelände mit Shuttlebussen ab Todtmoos · Haltestelle Todtmoos Busbahnhof, Bus 7321 ab Todtnau Busbahnhof

Der Fahrer gibt die Kommandos, aber der Leithund führt den Schlitten an.

Schwarzwälder Kirschtorten-Festival

Dieses Festival ist nichts für Hungrige, nichts für Abnehmer, Kostverächter oder Käsebrotliebhaber. Wer aber gerne in der Kunst der zur Torte gewordenen Schlagsahne samt Kirschwasser und Biskuit schwelgt, der sollte sich das Festival in Todtnauberg keinesfalls entgehen lassen, nirgends sind sie besser!

Zucker, Eier, Mehl und noch ein paar Extras, eigentlich kein Hexenwerk, doch eine richtige Schwarzwälder ist nicht nur ein komplexes Geschmackserlebnis, sie erfordert auch eine gewisse Handfertigkeit bei der Herstellung. Ganz besonders im Sommer, denn Sahne steif schlagen kann bei feuchter Hitze eine ziemliche Herausforderung sein.

Die Schwarzwälder Kirschtorte ist deutsches Kulturgut im Ausland, der »Black Forest Gateau« ist auf der ganzen Welt so berühmt wie Bollenhut und Kuckucksuhr, der Kitschfaktor ungefähr so groß wie ihr Kaloriengehalt.

Von der Schwarzwälder Kirschtorte gibt es viele Varianten.

Und man muss schon Lust auf Süßes haben, wenn man sich auf die schwere Köstlichkeit einlassen will.

Im Kurhaus zu Todtnauberg wird alle zwei Jahre die beste Schwarzwälder Kirschtorte gesucht. Bäcker, Konditormeister, Chocolatiers, sie alle kämpfen um Platz 1, aber auch die Amateure tragen einen Wettbewerb aus. Die Auszeichnung ist sowohl bei den Zuckerbäckern als auch bei den Hobbykonditoren begehrt. Die Festival-Variationen sind so einfallsreich wie lecker, Schwarzwälder Kirschtorten-Eis, Pudding, Dessert. Es gibt sie auch in der Dose, im Glas oder tiefgefroren. Damit käme man aber beim Festival nicht weit, dort muss live und schnell produziert werden. Ganz so wie in den Kochshows im Fernsehen.

▶ **Ein Stück Kirschtorte hat rund 350 Kilokalorien; um die zu verbrennen, muss man entweder eine halbe Stunde klettern, rudern oder schwimmen. Man kann auch zwei Stunden bügeln oder 90 Minuten putzen.**

Die berühmte Sahnetorte ist seit den 1930er-Jahren von Kaffeekränzchen nicht mehr wegzudenken. Man sieht das Kännchen und das Spitzendeckchen auf dem Holzimitattablett förmlich vor sich, wenn man an die Tortenlegende denkt, Sinnbild und Genusssymbol für den Schwarzwald.

Tourist-Info Todtnauberg · Mo–Fr 9–12 Uhr und 13.30–17 Uhr · Kurhausstraße 18 · 79674 Todtnauberg · Tel. 0 76 71/96 96 90 · www.kirschtorte.de · Haltestelle Todtnauberg, Bus 7215 ab Kirchzarten

Sie muss nicht immer rund sein.

49

Auf Tour mit dem Feldberg-Ranger

Der Mann ist ein Unikum mit einem mitreißenden Sinn für Humor: Achim Laber, Feldberg-Ranger. DER Feldberg-Ranger. Und er ist ein Hit auf YouTube, seine Filme zum Wandern und Wundern auf dem Feldberg sind Kult im Internet, und Laber ist Kult im Schwarzwald. Mit ihm macht Natur gleich doppelt Spaß.

Live und in natura ist Naturfreund Laber fast noch unterhaltsamer als in den witzigen Filmchen, die er für den »Hosentaschen-Ranger« gedreht hat, eine Wander-App für den Feldberg, der »Ranger to go«, mit allen Infos zu Flora, Fauna und Geschichte des Naturschutzgebiets. Kann man auch ausleihen. Die Filme gibt es auf DVD im Souvenirladen im Haus der Natur, ein perfektes Mitbringsel für Menschen mit Sinn für Humor.

Doch so schön die Filme auch sind, nichts kommt an das Erlebnis »Feldberg-Ranger live« heran. Das nämlich ist wahrhaft großes Kino. Achim Laber

Achim Labers Wissen über den Feldberg ist schier unerschöpflich.

führt hauptsächlich Schulklassen auf den höchsten Berg des Schwarzwalds und erklärt ihnen die Besonderheiten dieses Naturschutzgebiets. Er zeigt ihnen den zentimeterlangen badischen Riesenregenwurm (iiihhhgiiiitttt, eklig) oder den Schweizer Löwenzahn (ohhhh, wie hübsch). Der Feldbergsteig ist zwölf Kilometer lang und einer der schönsten Rundwanderwege Deutschlands. Neben spannenden Kleinigkeiten bietet er auch eine grandiose Aussicht an guten Tagen. Natur so weit das Auge reicht. Der Ranger weiß natürlich auch, wie es an den anderen Tagen ist. Hier oben kann es im Winter arktisch kalt werden, zweistellige Minusgrade sind keine Seltenheit, und Herbststürme werden auf dem Feldberg nicht selten zum Orkan. Hier ist der höchste Punkt, hier schützt nichts.

Wer will, der kann beim erfahrenen Ranger (Achim Laber führt seit 1989 am Feldberg Regie) auch das Junior-Ranger-Abzeichen machen oder einfach auf dem Wichtelpfad Spaß haben. In seinem Büro im Haus tüftelt er jede Menge neuer Ideen aus, die er in der Natur des Feldbergs bestimmt so gut umsetzen wird, wie er es in seinen unvergleichlichen Filmen bereits getan hat.

Hosentaschen-Ranger · Geräte mit der App können tgl. von 10–17 Uhr im Haus der Natur geliehen werden · 7 €/Tag, 30 € Pfand pro Gerät · Reservierung unter Tel. 0 76 76/93 36 30 · Haus der Natur · Dr.-Pilet-Spur 4 · 79868 Feldberg · www.naz-feldberg.de, www.feldberg-steig.de · Haltestelle Haus der Natur, Bus 9007 und 7300 ab Bärental Bahnhof

Natur ist spannender, als man denkt.

50

Suse, liebe Suse – im Stroh übernachten

Wenn man mit einem Haufen Kindern und ein paar Pferden unterwegs im Schwarzwald ist und nach einer kostengünstigen Übernachtungsmöglichkeit sucht, dann ist der Raimartihof genau das Richtige. In einer kleinen Scheune am Rand der Wiese kann man im Stroh übernachten, Waschmöglichkeiten und Toiletten gibt es im Hof. Wer gerade keine Pferde oder Esel dabei hat, der kann auch im Raimartihisli, der Räuberhütte, oder dem Sägerhäusle schlafen. In allen Häusern kann man selbst kochen oder in der original Schwarzwälder Vesperstube im Hof die Gastfreundschaft von Ehepaar Andris genießen. Der Hof ist über 300 Jahre alt.

Raimartihof · tgl. 9–19 Uhr, Jan.–Mai Di Ruhetag · Raimartihofweg 2 · 79868 Feldberg ·
Tel. 0 76 76/2 26 · www.raimartihof.de ·
Haltestelle Feldberger Hof, Bus 7300 und 9007 ab Bärental Bahnhof

51

Sommerskispringen in Hinterzarten

Es ist nur auf den ersten Blick paradox, denn man braucht keinen Schnee zum Skispringen. Das Sommerskispringen in Hinterzarten macht fast noch mehr Spaß als die Veranstaltung im Winter. Strahlender Sonnenschein begleitet die Springer auf dem Weg hinauf, die Ski laufen in einer genässten Keramikspur, gelandet wird auf Plastikgrasmatten, und die Stars sind die gleichen wie im Winter. Der Sommerweltcup hat seinen ganz eigenen Reiz. Und zuschauen kann man, ohne kalte Füße zu bekommen, es sei denn, man wagt sich nach dem Wettbewerb einmal hinauf auf den Sprungturm. Sommerskispringen gibt es nicht nur im Schwarzwald, sondern auch in Japan, den USA, in Russland und Polen. Aber den sonnigen Charme hat nur die Adlerschanze.

Adlerschanze · Adlerschanze 1 · 79856 Hinterzarten · Tel. 0 76 52/1 20 60 ·
www.skiclub-hinterzarten.de · mit der RB nach Hinterzarten,
dann mit dem Shuttlebus zur Adlerschanze

Idyllisch liegt der Raimartihof am Feldberg.
Endlich! Die Skisprungstars sind da!

52 Beim Olympiakoch essen und trainieren

Charly Doll ist ein Mann, der Extreme zähmen kann. Ein Marathon ist für ihn ein kleiner Fisch, Charly Doll ist mehr als ein Marathonmann: Charly Doll ist Bergläufer, Ultraläufer, 100-Kilometer-Läufer, Ultralangläufer, und er ist Koch. Und natürlich ist Charly Doll nicht irgendein Koch.

Doll war Olympiakoch. Er bekochte die deutsche Skisprung-Nationalmannschaft 2002 in Salt Lake City. Kein leichter Job, denn Sven Hannawald, Martin Schmitt und Co. mussten leistungsfähig sein, ohne Gewicht anzusetzen. Es gelang, das Team holte die Goldmedaille. Und lecker war es obendrein, denn Charly Doll, der richtig eigentlich Karl-Heinz heißt, hat bei keinem geringeren als der französischen Legende Paul Bocuse gelernt. Er ist noch immer ein erfolgreicher Sportler, inzwischen im Senioren- und nicht mehr im Leistungsbereich. Aber er weiß ganz genau, wie sich Leistungssportler oder ambitionierte Hobbysportler ernähren müssen. Dieses Wissen gibt er in seinem Seminarhotel Sonnenhof in Hinterzarten weiter.

Doll sagt, mit der richtigen Ernährung kann man seine Leistung um fünf Prozent steigern. Wer lernen will, wie man sein Lauftraining besser und damit perfekt gestalten kann und wie man sich dazu noch richtig ernährt, der ist bei ihm richtig. Breitensportler finden wertvolle Tipps und Ideen für Training und Ernährung bei seinen Seminaren. Man kann auch einfach nur ein Wochenende Nordic Walking buchen und die leckere Küche genießen. Oder den Abend in der wild romantischen finnischen Sauna verbringen.

Er und seine Frau Friederike, selbst erfolgreiche Marathonläuferin, empfangen ihre Gäste warm und herzlich. Und da sind schon mal berühmte Sportler dabei, so bereitete sich die deutsche Tischtennis-Nationalmannschaft in Hinterzarten auf die Weltmeisterschaft in Tokio vor. Sie wissen, was Charly Doll kann, und Charly Doll weiß, was Sportler brauchen. Der beste Beweis sind die Kinder: Sohn Benedikt sorgt im deutschen Biathlon-Team für Furore, Tochter Stephanie, ebenfalls auf Langlaufskiern, beim Rucksacklauf.

Seminarhotel Sonnenhof Hinterzarten-Breitnau · Am Rössleberg 18 · 79856 Hinterzarten · Tel. 0 76 52/9 00 30 · www.seminarhotel-sonnenhof.de

Das Seminarhotel Sonnenhof in Hinterzarten.
Extremsportler und Fitnesskoch Charly Doll hat seinen Beruf von der Pike auf gelernt.

Ein Weihnachtsmarkt vor grandioser Kulisse

Weihnachtsmarkt in der Ravennaschlucht

53

*Natürlich ist der **Weihnachtsmarkt am Freiburger Rathaus** romantisch, idyllisch und vielseitig. Wer es darüber hinaus noch dramatisch mag, der ist mit seinem Glühwein im Schwarzwald besser aufgeboben, in der wilden Ravennaschlucht auf dem Weihnachtsmarkt mit Wow-Faktor, dank der Wucht der steinernen Bögen.*

In der dunklen Schlucht rauscht das eisige Schwarzwaldwasser zu Tal, die steilen Felswände bilden die dramatische Kulisse für den Höhepunkt – das elegant geschwungene Viadukt der Höllentalbahn. Fast 40 Meter hohe Bögen aus grauem Stein leuchten in weihnachtlichen Farben. Glitzernd erstrecken sich weihnachtliche Stände unter dem Viadukt. Wenn Schnee liegt, ein unvergessliches Erlebnis von Zimtduft, Weite und Licht in dunkler Nacht. Und die leise Weihnachtsmusik verhallt in der dunklen Schlucht. Am Hofgut Sternen ist Weihnachtsmarkt, und er ist atemberaubend wild und gleichzeitig wunderbar romantisch. Johann Wolfgang von Goethe, zumindest in jungen Jahren auch eher romantisch veranlagt, musste auf seiner Reise durch die Ravennaschlucht noch auf den Weihnachtsmarkt und den würzigen Glühwein verzichten, aber dass man dem großen Dichter und Denker hier oder hier in der Nähe hausgemachte Schupfnudeln angeboten hat, ist mehr als wahrscheinlich.

Neben den Schupfnudeln samt Sauerkraut und den üblichen Angeboten wie Flammkuchen und Weihnachtsgebäck kann man auch Spielzeug, Kunsthandwerk oder Weihnachtsschmuck erwerben. Die gigantische Kulisse bildet einen beeindruckenden Gegensatz zu den filigranen Weihnachtssternen aus Stroh oder den kunstvoll gedrehten Kerzen, die, ansprechend präsentiert, auf Käufer warten. Es ist ein Weihnachtsmarkt, der sich anders anfühlt. An rund 40 Ständen findet man alles, was ein Weihnachtsmarkt bieten sollte. Und gleichzeitig ist er klein genug, um seine Wirkung in der großartigen Kulisse voll zu entfalten. Aber nur am Wochenende. Der große Vorteil: Weil dieser Weihnachtsmarkt Eintritt kostet, ist er nicht so voll.

Weihnachtsmarkt Hofgut Sternen · Ende Nov. Sa 15–21 Uhr, So 12–19 Uhr · Höllsteig 76 · 79874 Breitnau/Hinterzarten · Tel. 0 76 52/90 10 · www.hofgut-sternen.de · Erwachsene 3,50 €, Haltestelle Hinterzarten, RB, dann Bus 7216 oder 7261 nach Hirschenberg

Immer schön festhalten am Hornschlitten!

Hornschlittengaudi
in St. Märgen

54

Hornschlitten sind schwere, hölzerne Gefährte mit weit nach oben fortlaufenden, gebogenen Kufen, die wie Hörner am Kopf des Schlittens aussehen. Ein Hornschlitten muss gänzlich aus Holz bestehen und wird auch heute noch in Handarbeit gefertigt. Viele gibt es allerdings nicht mehr, die das noch können.

Früher war der Hornschlitten ein reines Arbeitsgerät. Heute kann man mit einem so richtig Spaß haben. Zum Beispiel in St. Märgen, wo sich jedes Jahr, wenn der Winter genügend Schnee hergibt, das Who's who des Hornschlittensports die Klinke in die Hand gibt. Oder die Kufe in diesem speziellen Fall. Beim Hornschlittenrennen rasen die Rennfahrer auf einer steilen, manchmal unangenehm eisigen Abfahrt dem Tal entgegen. Zwei Mann versuchen, sich jeweils auf dem wuchtigen Holzgefährten zu halten und möglichst schnell ins Ziel zu rauschen, die Wagemutigsten bis zu 80 Stundenkilometer schnell. Und das auf einem Gefährt, bei dem das Steuern, vorsichtig formuliert, schwierig ist.

▶ **Wer Zeit übrig hat, sollte sich die Klosterkirche Maria Himmelfahrt ansehen, Ziel der ältesten Wallfahrt in der Erzdiözese Freiburg. Gruseliges Highlight ist ein mit Brokat überzogenes Skelett des Heiligen Constantius.**

Wettbewerbe gibt es, wo es Berge gibt: in Italien, der Schweiz, Deutschland und Österreich. Vielerorts sind Rennen mit bestimmten Festen oder Feiertagen verbunden, wie Neujahr, Dreikönige oder Fastnacht. Der Schlitten gibt sich immer auch einen Teamnamen. Die Schwarzwälder heißen »Schneeteufel« oder »Batzenbergblitz« und sind meist weit vorne bei der Siegerehrung, doch die Hornschlitten aus Bayern sind oft nur sehr schwer zu schlagen.

Hornschlitten waren zum Transport von Holz im Winter gedacht. Das Brennholz, das man im Herbst in den Bergen geschlagen und gelagert hatte, wurde damit im Schnee leicht nach unten ins Tal transportiert.

In St. Märgen wird das Hornschlittenrennen in großem Stil ausgetragen. Den Termin erfährt man auf der Seite des Veranstalters, er kann sich je nach Schneelage im Schwarzwald ändern.

Hornschlittenrennen St. Märgen · Bei den Sportplätzen · Sportplatz 5 · 79274 Sankt Märgen · www.hornissen.biz · Austragung je nach Schneelage · Haltestelle Thurner, Bus 7216

Das imposante Kloster von St. Peter

Österreicher und
barocke Pracht – St. Peter

Barocke Pracht, stille Andacht und Erinnerungen an den Krieg. Beim historischen Dorfrundgang durch das Schwarzwalddorf St. Peter die Vielfalt der regionalen Geschichte entdecken. Denn St. Peter ist viel mehr als nur das Kloster, St. Peter ist auch ein Dorf, das seine eigenen Geschichten erzählt.

Wuchtig ragt die Klosteranlage von St. Peter vor einem auf, sie dominiert das schmale Tal, das von Freiburg steil herauf führt. Die Kirche wurde im Barock komplett neu errichtet und ist in ihrer ornamentalen Gewaltigkeit einzigartig in der Region. Sie wurde 1727 geweiht. Die meisten Besucher kommen des Klosters wegen.

Hier beginnt auch der historische Dorfrundgang, im Klosterhof, der durch Weite und Klarheit besticht. Von hier aus führt er durch das Dorf, über den heimeligen Bertholdsplatz, vorbei an der versteckten Ursulakapelle, seinerzeit Ausweichkirche in Zeiten des Umbaus, und am Schweighof zur Soldatenkapelle. Man erfährt so einiges über die Geschichte und das Leben in Dorf und Kloster. Welche Aufgaben hatte ein Klosterpförtner?

▶ **Neben der Klosteranlage liegt der Friedhof von Sankt Peter. Ort der Stille, an dem auch einige unbekannte Soldaten ihre letzte Ruhe fanden**

In den Napoleonischen Kriegen kam eine große Zahl österreichischer Soldaten nach St. Peter, das als Lazarett diente. Einige der schwer verletzten Soldaten überlebten, fast 900 aber starben hier an diesem friedlichen Ort. Eine schrecklich große Zahl. Die 1910 gebaute Soldatenkapelle wurde dem hl. Georg geweiht. In ihrer Schlichtheit bildet sie einen spannenden Gegensatz zu der barocken Pracht der Klosterkirche und der filigranen Verspieltheit der prachtvollen Rokokobibliothek. Diese beiden sowie der herausragende Fürstensaal sind Teil einer weiteren Führung und können nicht individuell besichtigt werden. Das Kloster wurde von den Herzögen von Zähringen gegründet. Ihre vergoldeten Statuen schmücken die Wandpfeiler der Pfarrkirche.

Historischer Dorfrundgang · März –Okt. ca. 2 x im Monat · Geistliches Zentrum St. Peter · Klosterhof 2 · 79271 St. Peter · Tel. 0 76 60/9 10 10 · www.st-peter-schwarzwald.de/fuehrungen · Haltestelle St. Peter, Bus 7205 ab Denzlingen, Bus 7216 ab Kirchzarten

Nordic Walking
im Dreisamtal

*Manche nennen sie abfällig »Stöcklesgeher«, dabei ist Nordic
Walking nichts anderes als Skilanglauf ohne Ski, Schnee und Strick-
mütze, zumindest, wenn man es richtig macht. Ideal für Einsteiger
ist das Dreisamtal, das weite grüne Weide- und Ackerland, das
zwischen Freiburg und dem Schwarzwald liegt.*

Hier lässt es sich entweder direkt entlang der Dreisam oder drum herum
herrlich walken, denn das Zartener Becken ist weitgehend flach. Berge gibt
es für ungeübte Sportler als Panorama, nicht um sie zu bewältigen.

Nordic Walking ist ideal für Menschen, die aufgrund von Rückenproble-
men nicht joggen können, oder solche, die nicht nur die Beine, sondern
auch die Oberarme trainieren wollen. Prinzipiell ist es ein ideales Herz-Kreis-
lauf-Training und eine der gesündesten Sportarten überhaupt. Wer ein paar
Tricks beachtet, ist schnell im richtigen Rhythmus: Es sind nie beide Stöcke
gleichzeitig weg vom Boden, sie werden nah am Körper geführt, und die
Hand öffnet sich am Ende der Rückwärtsbewegung, sodass nur noch die
Schlaufe am Handgelenk den Stock hält. Jede dritte Frau über 50 besitzt in-
zwischen Walking-Stöcke, denn wer Nordic Walking macht, verliert Pfunde.
Auch Diabetiker und Menschen mit Bluthochdruck können die Stöcke ohne
Bedenken schwingen. Am besten gleich welche mit Dämpfung kaufen.

Warum nicht mal ein kleiner Wettkampf? Das Rote Kreuz veranstaltet
jedes Jahr ein Nordic-Walking-Event. Drei verschiedene Strecken sind im
Angebot, der Knackige Kapellenweg, 21 Kilometer für Trainierte, der Vor-
sicht-Natur-Weg, 15 Kilometer für die ganze Familie, und der Niedrige-
Herzfrequenz-Weg, leichte 10 Kilometer. Alle Feld- oder Naturwege, die
die Gelenke schonen.

Zum Einstieg werden mit Musik und unter Anleitung durch Gymnastik
Muskeln und Gelenke gelockert, bevor es an den Start an der Alten Säge
in Zarten geht. Genug Motivation für den Rest des Jahres, das Nordic
Walking im Dreisamtal oder anderswo nicht aufzugeben.

Nordic Walking Dreisamtal · im Frühsommer · Alte Säge · 79199 Zarten ·
www.nordic-walking-dreisamtal.de · Haltestelle Kirchzarten Bahnhof, RB, dann 18 Min. Fußweg

Entlang der Dreisam lässt es sich wunderbar sporteln.
Vor allem, wenn man es flach mag.

Nach der Theorie kommt die Praxis.
Wie die echten Stars beim Weltcup.

Biathlon-Schnupperkurs am Notschrei

57

Klack! Die Scheibe kippt, das Stadion raunt, der letzte Schuss, daneben. Ein Nachlader, wieder daneben. Ab in die Strafrunde. Biathlon. So oft im Fernsehen gesehen, so oft mitgefiebert. Aber selbst mal probiert? Am Notschrei ist das kein Problem, auch nicht für absolute Fernsehbiathleten.

Im Wintersportprogramm ist Biathlon der Quotenhit. Millionen laufen und schießen mit in Hochfilzen, Obertillach oder Pokljuka. Allen voran die Deutschen. In kaum einem anderen Land ist Biathlon so hip wie hier. Wer will, der kann das im Schwarzwald auch selbst mal ausprobieren, am Notschrei werden Schnupperkurse angeboten.

An einem sonnigen Winterwochenende ist am Notschrei jede Menge los, bis zu 6000 Wintersportfans finden an einem Samstag den Weg hierher. Am weitläufigen Nordic Center kann man in einem Kurs die Grundlagen lernen. Zweieinhalb Stunden geht das, die Ausrüstung wird gestellt, und natürlich gibt es am Ende einen Wettkampf, damit die Besten der Gruppe auch zu Ehren kommen. Die Gewehre sind dieselben, wie sie die Profis benutzen, geschossen wird stehend und liegend auf 50 Meter. Da ist Ruhe und Konzentration gefragt. Ausdauer und Explosivität dagegen auf der Laufstrecke. Das macht Biathlon zu einer solch spannenden Sportart, denn nur wer beides zu kombinieren weiß, wird schließlich erfolgreich sein.

▶ **Im Bergstüble sollte man sich auf keinen Fall die hausgemachten Waffeln entgehen lassen. Die gibt es an Wochenenden jeweils von 11 bis 18 Uhr. Natürlich auch deftige Suppen für alle, die es lieber herzhaft mögen.**

Kurse kann man im Sommer wie im Winter buchen, ohne Schnee wird dann auf Skirollern oder Mountainbikes gefahren. Ab vier Personen sind Extra-Events buchbar, es ist auch möglich am Abend nach der Arbeit bei Flutlicht reinzuschnuppern. Die Trainer und Betreuer sind extrem qualifiziert, schließlich trainieren am Notschrei auch die Kaderathleten und der nationale Nachwuchs.

Biathlon Schnupperkurse im Schwarzwald Nordic Center Notschrei · Sa 14 Uhr, Gruppen individuell · Passhöhe 6 · 79674 Todtnau · www.nordic-schule-notschrei.de · Haltestelle Kirchzarten Bahnhof, RB, dann Bus 7215 bis Nordic-Schule Notschrei

Hier gibt's Uhren für jeden Geschmack.

Antikuhrenbörse Furtwangen

58

Uhren üben auf viele Menschen eine ganz besondere Faszination aus, vor allem jene, die keine Fließbandprodukte sind, sondern kleine, oft winzige Kunstwerke, die die Zeit, die sie angeben und messen, wertvoller machen. Uhren als Kunstobjekt und Wertanlage, als Schmuck der besonderen Art. Je älter, desto besser.

Die Börse für antike Uhren ist die größte dieser Art in Europa. Angefangen hat es Mitte der Achtzigerjahre mit einem kleinen Kreis von Ausstellern, heute sind fast 150 Händler vor Ort, wenn sich in Furtwangen die Liebhaber alter Uhren treffen. Sie kommen inzwischen auch von weiter her, aus Frankreich oder den Niederlanden. Viele Schätze gibt es zu bestaunen, die Faszination, die so ein präzises mechanisches Uhrwerk verbreiten kann, ist schwer zu beschreiben, es tickt im Herzen. Die Zeitmessung ist für die meisten Uhrenfreunde ein sekundäres Merkmal. Vor allem in modernen Zeiten, wo die meisten Menschen aufs Handy statt auf die Uhr schauen, um zu sehen, wie spät es ist. Armbanduhren, Kaminuhren, Standuhren, Wanduhren, allesamt alt, selten und kostbar, solche Exemplare sind durchaus auch eine gute Geldanlage, die gerade in Zeiten der Bankenkrise besonders attraktiv ist. Chronografen mit hohem Wert, Sammlerstücke und Unikate, viele Tausend Uhren, Werkzeug, Zubehör, das Stöbern ist der halbe Spaß, und im Eintrittspreis zur Börse in der Hochschule (5 €/Tag) ist auch der Eintritt zum deutschen Uhrenmuseum nebenan enthalten.

> ▶ Wer noch Zeit (sic!) übrig hat, nur ein paar Minuten entfernt in Neukirch steht die 1825 erbaute Hexenlochmühle mit Restaurant und Shop. Da gibt es auch Uhren.

Es lohnt der Blick auf die Details, die kleinen Unterschiede der Zifferblätter, Taschenuhren, die vermeintlich gleich aussehen und doch eine ganz unterschiedliche Gravur haben. Auch viel Figürliches ist zu bestaunen, Pferde, Kutschen, Engel, Adler, die gestalteten Uhren sind echte »Hingucker«.

Furtwangen war einst das Zentrum der Uhrenindustrie im Schwarzwald und der war seit jeher berühmt für seine Uhren und sein Handwerk.

Antikuhrenbörse · ein Wochenende im August · Hochschule Furtwangen · Robert-Gerwig-Platz 1 · 78120 Furtwangen · Tel. 0 77 23/75 56 · www.antik-uhrenboerse.info.de · Haltestelle Robert-Gerwig-Platz, Bus 7270 aus Triberg, 7272 aus Freiburg

Eine typische Ölmühle in Simonswald

Simonswälder Mühlenwanderweg

Man kann in drei Stunden viele Dinge tun, aber nur wenige sind so geeignet für die ganze Familie wie der Mühlenwanderweg in Simonswald. Der Rundweg ist neun Kilometer lang und führt durch eine der schönsten Ecken im Schwarzwald. Die Mühlen sind prächtig restaurierte Zeugnisse eines längst vergangenen Lebens.

Weil auf dem Mühlenwanderweg keine besonders großen Höhenunterschiede (nur 300 m) zu überwinden sind, ist er auch für Nichtwanderer und Kinder leicht zu bewältigen. Die Strecke ist von Januar bis Dezember wanderbar und hat je nach Jahreszeit ihren ganz besonderen Reiz. Im Vordergrund stehen natürlich die herrlich idyllischen Schwarzwald-Mühlen, sechs Stück sind es insgesamt entlang der Wilden Gutach. Mehr Romantik geht nicht. Mehr Mühle auch nicht. Und dazu sind es noch ganz unterschiedliche Mühlen, die man hier bestaunen kann.

In Simonswald das Auto auf dem Festplatz vor der über 200 Jahre alten Kronen-Mühle parken und gleich zu Beginn die erste Mühle besichtigen, das macht Lust auf mehr, besonders bei den kleinen Wanderfreunden, die am Spielplatz Grasmücke einen kurzen Spielstopp einlegen können. Die Kronen-Mühle wurde nach dem Gasthaus Krone-Post benannt, dessen Besitzer die Mühle restaurieren ließ, nachdem sie einige Jahre als Stall genutzt worden war und folglich ziemlich gelitten hatte. Das Wasser läuft durch Eigengefälle vom Ettersbach durch die Mühle; es »klappert« wie besungen am rauschenden Bach. Die Schwanenmühle holt die Kraft aus dem Haslachbach, die Wehrlehof-Mühle vom Dobelbächle. Die Schlossmühle ist eine der ältesten im Tal, sie stammt aus dem Jahr 1678, die Kundenmühle war gleichzeitig auch Kneipe, denn hier durfte Wein ausgeschenkt werden. Sie wurde 2004 am Festplatz wieder aufgebaut. Auch die alte Ölmühle produziert heute wieder leckeres Nussöl. Gerade für Kinder ist es spannend zu sehen, was es alles braucht, damit das Öl in die Flasche kommt. Eine ganze Mühle nämlich. Auf Wunsch kann man in der Schlossmühle auch urig vespern.

Gasthaus Krone-Post · Talstraße 8 · 79263 Simonswald · Tel. 0 76 83/2 65 · www.simonswald.de · Haltestelle Talstraße, Bus 7272 ab Waldkirch

60

Märchengarten
Simonswald

Lust auf Retro? Was in den Fünfzigern schick war, hat für die Generation Smartphone viel an Charme eingebüßt, nicht aber für die, die gerne Zeitreisen unternehmen. Und was sind Märchen anderes als Zeitreisen. Ein kleines Märchendorf, in dem Hänsel und Gretel der Hexe entfliehen wollen. Der Froschkönig müsste auch irgendwo stecken. Alles in Mini, wie es in den Fünfzigerjahren en vogue war. Miniaturbauten gibt es einige im Schwarzwald, wo vor allem in den langen und einsamen Wintermonaten gebastelt und gewerkt wurde. Das Café Märchengarten hat ein solches Retroflair, und Torten und Kuchen nach alten Familienrezepten suchen hier ihresgleichen. Und draußen dann das Märchenland, aber nur für Gäste des Cafés.

Cafe Märchengarten · Mo 12–20 Uhr, Di–So 9–20 Uhr · An der Niederbruck 18 · 79263 Simonswald · Tel. 0 76 83/2 52 · www.cafe-maerchengarten.de · Haltestelle Adler Simonswald, Bus 7272 ab Waldkirch

Max und Moritz begrüßen die Gäste im Märchencafé.

Drehorgeln
aus aller Welt

Der Ton der Drehorgel hat seinen eigenen Reiz, aber das Drehorgelfest in Waldkirch ist auch ein Genuss für die Augen: Drehorgeln in allen Größen und Formen, alte, neue, historische, bunte, filigrane und legendäre, für Kirche, Kirmes und Konzerte. Und natürlich gibt es Moritaten- und Bänkelsänger, dazu Vorträge und Diskussionen für all jene, deren Herz für die Drehorgel schlägt. 150 Orgeln aus dem In- und Ausland sind beim Waldkircher Drehorgelfest keine Seltenheit, besonders stark ist natürlich die heimische Fraktion der Orgelbauer vertreten. Waldkirch genießt seit über 200 Jahren den Ruf, Orgelmetropole zu sein. In der 2000 Einwohner zählenden Stadt gibt es vier Werkstätten, in denen sie gebaut werden. Besonders schön ist das Orgelmuseum von Jäger&Bommer.

Internationales Orgelfest Waldkirch · alle drei Jahre · www.stadt-waldkirch.de · Haltestelle Waldkirch Post, Bus 7206

Eine kunstvoll gefertigte Drehorgel

In der Früh ist der Schwarzwald noch mystisch und geheimnisvoll.
Postkartenidylle im Elztal.

Wo der Südschwarzwald am schönsten ist

Zusammen mit dem Simonswäldertal ist das Elztal vielleicht eine der schönsten Ecken, die der Schwarzwald zu bieten hat. Das »ZweiTäler-Land« hat alles, was den Schwarzwald ausmacht: atemberaubende Natur, heimelige Höfe und verlockende Freizeitangebote. Dazu kommt das milde und regenarme Klima.

15 Kilometer nördlich von Freiburg zieht es sich hinauf bis zu den dunkelsten Tannenhöhen. Die Wilde Gutach und die Elz fließen entlang der romantischen Blumenwiesen. Gerade im Frühling lebt und blüht hier alles.

Zur Abkühlung bietet sich ein Besuch in der Beinhauskapelle der Kirche St. Georg in Gutach-Bleibach an, ein einzigartiges Wandgemälde aus dem frühen 18. Jahrhundert ist der größte Schatz des kleinen Gotteshauses. Makabre Erinnerung daran, dass das Beinhaus zur Aufbewahrung der ausgegrabenen Skelette diente, als im Friedhof mehr Platz für Gräber geschaffen werden musste. Schon der Name Beinhauskapelle genügt, um Besuchern einen leichten Schauer über den Rücken zu jagen.

Weniger gruselig, sondern höchst malerisch ist ein Besuch der Landwasserhofmühle in Oberprechtal und vor allem im Bauerngarten der Mühle, der wie ein buntes Bilderbuch der Gartenpflanzen im Sommer vor Bienen nur so summt. Wer schon immer von einem Bauerngarten geträumt hat, der bekommt hier alle Wünsche erfüllt.

Das ZweiTälerLand ist idyllisch, an schönen Tagen schweben Gleitschirme vom Kandel herunter. Doch je weiter man auf die Höhen wandert, desto wilder wird der Wald. Was ist also von den Stimmen zu halten, die hier in den letzten Jahren Wölfe gesehen haben wollen? Platz genug wäre für Mensch und Tier. Der Naturschutzbund hofft darauf, als Wanderer muss man sich deswegen noch keine Sorgen machen – Bisher wurden keine Tiere gesichtet und selbst wenn, meiden sie die Nähe zum Menschen. Es gibt auch ein Elztal im Neckar-Odenwald-Kreis. Aber: Wer einmal hier im Schwarzwald war, für den wird es kein anderes mehr geben.

Beinhauskapelle mit Bleibachen Totentanz · Pfarrbüro St. Georg · Schulstraße 2 · 79261 Gutach ·
Führung von Hans Schätzle · Tel. 0 76 85/73 75 ·
Haltestelle Bleibach Bahnhof, von Waldkirch Bus 7272

Nicole Kaiser teilt ihr Wissen in Kräuterseminaren.
Entdeckungsreise durch die Welt der Kräuter und Düfte.

Bei der
Elztäler Kräuterhexe

Der Schwarzwald duftet: nach Harz, Tannennadeln und Kräuterwiesen. Und der Glaube an Hexen hat sich in diesem urwüchsigen Teil Deutschlands lange gehalten. Im Elztal bis heute, da gibt es schließlich eine Kräuterhexe. Nicole Kaiser ist inmitten der duftenden Yacher Käuterwiesen aufgewachsen.

Schon ihre Großmutter war Kräuterfrau, und die Mutter war noch kurz vor der Geburt ihrer Tochter Heidelbeeren pflücken. Die Frauen der Familie können seit Generationen nicht von der Natur lassen. Die Leidenschaft für das Wissen um die Heilkräfte und Nährstoffe der wilden Pflanzen steckt wohl in den Genen. Man kann bei der Kräuterexpertin Seminare besuchen, an Wanderungen (meist ab dem Bahnhof Elzach) teilnehmen, einen Kochkurs belegen oder einfach nur ihre Naturprodukte kaufen. Wer mit ihr hinauf zu den duftenden Bergwiesen steigt, der erfährt viel Wissenswertes, zum Beispiel, dass Wildpflanzen deutlich mehr Mineralstoffe und Vitamine beinhalten als jene, die man kaufen kann. Man braucht ein geübtes Auge, um Kraut von Unkraut zweifelsfrei unterscheiden zu können. Die Tipps von Nicole Kaiser sind sicher ein guter Anfang, der Rest ist üben, üben, üben. Es ist schließlich noch keine Hexe vom Himmel gefallen. Wie lecker Fichtenspitzen schmecken und warum Farn gut gegen Rheuma ist, kann die Kräuterhexe ebenso erklären wie die Heilung durch Kräuter nach Hildegard von Bingen. Dazu braucht es weder Molchesaug noch Unkenzehe, kein Eidechsenbein oder Flaum vom Kauz, diese Kräuterhexe kocht und lehrt rein vegetarisch. Und was in die Räucherbündel für die Rauhnächte muss, damit das Vieh gesund bleibt, weiß sie auch. Nicole Kaiser ist eine Hexe, die die Kraft der Natur nutzt und keine dummen Zaubersprüche macht.

Wiesenkräuter sind ein Trend, den inzwischen auch viele Gourmetköche für sich entdeckt haben, und so finden sich Wiesenkümmel und Distelknospen in Waldkräutersauce oder Schlüsselblumenessig für viel Geld auf den Tellern der Edelküchen wieder. Selbstsammler sparen daher enorm.

Nicole Kaiser »Botschafterin für Wild- und Heilkräuter & Naturführerin« ·
Exkursionen für Gruppen, Betriebe, Schulklassen, Familien · info@arnica-wildkraeuterseminare.de ·
Haltestelle Elzach Bahnhof, Bus 7206 ab Denzlingen

Duftig schlafen im Wiesenbett

Der Hilserhof in Triberg ist bekannt für Wiesenwellness ganz allgemein und für seine Wiesenbetten im Besonderen. Nirgendwo kann man schöner Familienurlaub machen als auf dem freundlich und familiär geführten Bauernhof. Man möchte eigentlich gar nicht mehr weg vom einfachen Leben.

Kinderlachen klingt über die weiten Wiesen, die Münder sind heidelbeerblau verschmiert und die Hände nicht mehr ganz so sauber vom vielen Ziegenstreicheln. Dafür sind die Schuhe nass nach der Bacherkundung. So was von egal! Es macht Spaß auf dem Hilserhof. Er ist ein Kindertraum mit gemütlichen Kühen im Stall und den aufregenden Abenden im »Wiesenbett«, dem Bauernstubenzelt mit allem, was Gemütlichkeit ausmacht, einschließlich Tannenrauschen zum Einschlafen. Und morgen dann ein Ausflug auf den Pferden, mit denen die Kinder bereits Freundschaft geschlossen haben. Natur pur und zurück zum ursprünglichen Leben, gerade für Stadtkinder ein unvergessliches Erlebnis. Wer also die Lust auf Landleben verspürt, sollte vorbeischauen. Und an zwei Tagen in der Woche kann man die Kinder auch von einer Erzieherin betreuen lassen. Damit ist elterliche Wiesenruhe garantiert und die Zeit reif für erholsame Stunden in der Wiesensauna, so lässt es sich duftig entspannen. Im Hofladen gibt es hausgemachte Bauernwurst, am Angelteich kann man sein Glück bei den schnellen Forellen versuchen, die wunderschöne Umgebung lockt mit zahlreichen Ausflugsmöglichkeiten. Nicht mal dann muss man sich Gedanken um die Verpflegung machen, die Picknickkörbe von Bäuerin Barbara Wernet sind herrlich: Kaminwurzn, Eier, Holzofenbrot und Most, alles aus eigener Herstellung und von köstlicher Schlichtheit, so, wie Essen nur in der Natur schmecken kann.

Wer will kann gerne auch sein Haustier mitbringen, denn die sind ausdrücklich und herzlich willkommen in den Naturwohnungen auf dem Hilserhof. Im Wiesenbett wacht man nach einem erholsamen Schlaf, der nach Natur und Glück duftet, doch viel entspannter auf.

Hilserhof · Obertal 5 · 78098 Triberg-Gremmelsbach · Tel. 0 77 22/91 98 86 · www.hilserhof.de, www.wiesenbett.de · Haltestelle Nussbach Hirschrank, Bus 7265

Schön träumt es sich im Wiesenbett …
… oder auch inmitten der Natur.

Auf schmalen Holzstegen durchs Moor

Gaaaanz langsam – Schneckenwandern

Es ist egal, wie lang die Strecke ist. Es ist egal, wie lange man dafür braucht. Langsam heißt das Zauberwort. Die Uhr lässt man am besten zu Hause. Wer hier wandert will entschleunigen, und er soll es auch. Zeit zum Sehen, Riechen und Hören, statt die Strecke in Rekordzeit zu schaffen. Handys am besten aus!

Das klingt einfach, ist es aber nicht, und deshalb gibt es am Schneckenwanderweg in Schonach Tipps, wie man es richtig macht: Tannenzapfen sammeln, ins Gras legen, in die Wolken schauen; alles nur nicht nachrechnen, wie lange man noch bis zum nächsten Streckenpunkt braucht oder um wie viel Uhr man frühestens (oder spätestens) am Ziel ist.

Die Strecke ist mit 23 Kilometern für eine Tageswanderung ausgelegt, es gibt aber auch eine deutlich kürzere Route für Familien, die schlanken acht Kilometer schaffen auch jüngere Kinder.

Los geht es oberhalb der Triberger Wasserfälle (die man sich unbedingt ansehen sollte, sofern man sie noch nicht kennt) am Parkplatz Adelheid. Von nun an kehrt man dem Trubel den Rücken und genießt. Wer möchte nicht die erfrischend klare Bergluft einatmen und endlich zur Ruhe kommen, indem man den Milchkühen beim Wiederkäuen in die sanften braunen Augen schaut.

Vorbei geht es über Holzstege am Blindensee, einem Hochmoorsee, der unter Naturschutz steht. Die Zeit steht still. Die Sonne scheint warm auf der Haut. Ein Habicht ruft über dem dunklen Wasser. Spätestens jetzt ist der Alltag weit, weit weg.

Einkehr und Besinnung verspricht ein Halt an der Laubwaldkapelle, die bis ins 18. Jahrhundert sogar eine Wallfahrtskapelle war. Schweigen, genießen und in vollen Zügen Natur atmen, dem Gezwitscher der Vögel lauschen und den Wolken beim Ziehen zusehen. Schneckenwandern eben. Hier ist Entschleunigung Programm, sie fängt in den Beinen an und hört im Kopf auf.

Auf www.dasferienland.de/files/ferienland/PDF-Dateien/Schneckenwanderung.pdf Wanderung und nützliche Tipps als pdf-Datei runterladen · per Bahn mit RE ab Offenburg

Hoch oben im Schwarzwald
Ein typischer Herrgottswinkel im Schwarzwaldhaus

Herrgottswinkel, Wegkreuze und Protestanten

Im Gutachtal steht seit vielen hundert Jahren eine kleine Besonderheit – die evangelische Dorfkirche in Gutach. Eine solche ist im früher weitgehend katholischen Südschwarzwald eher ungewöhnlich. Denn als die Protestanten hierher ins Katholische kamen, dürften sie es anfangs nicht leicht gehabt haben.

Der Herrgottswinkel gehört in einem traditionellen katholischen Schwarzwälder Haushalt in die »Gute Schtub«, gerade in den alten Bauernhäusern. Er zeugt von einer tiefen und vor allem strengen Gläubigkeit, die die Region in den vergangenen Jahrhunderten geprägt hat. Das Kruzifix in der Zimmerecke ist oft kunstvoll gearbeitet, die Holzschnitzarbeiten stammen häufig von den Hausherren persönlich. Die Hausfrau stellt frische Blumen dazu oder bindet Kränze aus Buchs oder Stroh. Ein schönes Exemplar findet man im Fürstenberger Hof in Zell am Harmersbach.

Im Gutachtal aber gab es eine kleine Enklave, die ohne Herrgottswinkel auskam. Die Ursprünge der kleinen protestantischen Gemeinde liegen in Tirol, von dort waren die Protestanten im 17. Jahrhundert gekommen, als weite Teile des Schwarzwalds durch französische Eroberungskriege verwüstet und entvölkert waren. Hier gab es Arbeit und Platz zum Leben für die österreichischen Einwanderer. Etwa hundert Jahre später waren sie »Schwarzwälder«, und Täler wie das Gutachtal waren wieder bevölkert. Ob sie sich fremd fühlten in einer Welt voller Herrgottswinkel und Wegkreuze? Letztere gehören ebenfalls zu den typischen Merkmalen der Landschaft in der Region und das nicht nur im Schwarzwald selbst, sondern auch in den tieferen Lagen der Rheinebene. Sie sind entweder schlichte Wegmarkierungen, stumme Zeugen eines Verbrechens oder einer überraschenden Rettung, immer aber sind sie Ort der Andacht und des Gebets, vor allem bei Flurprozessionen.

Im Freilichtmuseum Vogtsbauernhof lässt sich viel erfahren über das Leben im Schwarzwald vor rund 400 Jahren.

Vogtsbauernhof · März–Nov. 9–18 Uhr, Aug. 9–19 Uhr · Erw. 9 € · Tel. 0 78 31/9 35 60 · 77793 Gutach · www.vogtsbauernhof.de · Haltestelle Gutach, Schwarzwaldbahn, Bus 7269 ab Triberg

Heißes Glas
für kühle Tage

Glasbläser waren im Schwarzwald einst zahlreich und angesehen, ihre Kunst begehrt und ihr Handwerk respektiert. Inzwischen ist nur noch eine einzige Hütte übrig, in der Schwarzwälder Glas geblasen wird, die Dorotheenhütte in Wolfach. Ihre Produkte aber sind gefragt wie das Schwarzwälder Glas in seiner Blütezeit.

Der Schwarzwald bietet alles, was man zur Glasherstellung braucht: Buchenholz (für Pottasche), Tannenholz (für das Feuer) und Quarzsand. Viele Jahrhunderte lang war die Glasherstellung der wichtigste Wirtschaftszweig im Schwarzwald. Tradition verewigt im düsteren Märchen »Das kalte Herz« von Wilhelm Hauff, in dem der Kohlemunkpeter vom Glasmännlein für den Verkauf seines Herzens drei Wünsche gewährt bekommt:

»Schatzhauser im grünen Tannewald, bist schon viel hundert Jahre alt. Dir gehört all Land, wo Tannen stehn – lässt dich nur Sonntagskindern sehn.«

Die Dorotheenhütte Wolfach ist nicht nur im Sommer einen Besuch wert.

Man muss nicht an einem Sonntag geboren sein, um Glasbläser zu sehen, die Hütte ist täglich geöffnet, und das Museum, die Schleiferei, Produktion und Gravur können besichtigt werden. An zwei Hafenöfen werden die zerbrechlichen Produkte von Hand gezogen. Besucher können sich hier auch selbst versuchen. Aber Vorsicht, das Glas ist in diesem flüssigen Zustand 1250 °C heiß. Die Glasbläserei wird auch für diverse Veranstaltungen wie Autorenlesungen genutzt.

Im Weihnachtsdorf ist das ganze Jahr über Weihnachten, was im Sommer nicht jedermanns Sache sein mag, aber gerade in der Vorweihnachtszeit ein inspirierendes Erlebnis ist.

Und man muss nicht gleich sein Herz verkaufen, um eine der rund 50 Baumschmuckserien (von klassisch bis modern in allen möglichen Farben und Formen) zu erhalten. Allerdings gewähren diese »Glasmännlein« auch keine Wünsche. Das gibt es nur im Märchen.

Die Märchen von Wilhelm Hauff lassen sich am besten bei Kerzenlicht und heißem Tee genießen, für das ultimative Schwarzwaldgefühl vielleicht sogar in einem kunstvollen Glas aus der Dorotheenhütte.

Dorotheenhütte Wolfach · tgl. 9–17 Uhr · Glashüttenweg 4 · 77709 Wolfach · Tel. 0 78 34/8 39 80 · www.dorotheenhuette.info · Haltestelle Hausach, IRE und RE, dann Taxi

Hier kann man den Glasbläsern bei ihrer Arbeit auch zuschauen.

Hexen, Hemdglunker und Hästräger im Kinzigtal

Die schwäbisch-alemannische Fastnacht treibt vom »schmutzige Dunschdig« bis zum Aschermittwoch ihr Unwesen im Schwarzwald, allein im Kinzigtal finden weit über hundert Straßenumzüge statt, dazu schon Wochen zuvor das sogenannte Schnurren und andere Fastnachtsveranstaltungen.

Fastnacht ist überall im Schwarzwald, aber jede Gemeinde hat eine ganz eigene Art, die närrischen Tage traditionsbewusst und doch auch modern zu feiern.

In Schramberg wird am Fastnachtsmontag »Da Bach na gfahre«. In bunten und fantasievoll dekorierten Zubern geht es auf dem Kanal entlang. Und natürlich kippt das ein oder andere Gefährt unter lautem Gejohle der Zuschauer in die eisige Schiltach. Ein echtes Highlight ist der Hemdglunkerle-Umzug in Haslach. Unter lauten Kanonenschlägen beginnt er am frühen Morgen des schmutzigen Donnerstags. Der laute Weckruf für eine Woche Ausnahmezustand. Und wie frisch aus dem Bett sind alle Haslacher als Hemdglunker (also im Nachthemd) unterwegs. Ebenfalls am »schmutzge Dunschdig« und am Faschingsdienstag rufen die Oberwolfacher zum Wolfstrieb, närrisch Brot gebacken wird auch, und am Fastnachtssonntag sollte man auf keinen Fall den großen Umzug verpassen. Mit vielen traditionellen Larven und lustigen Neuschöpfungen ist Stimmung garantiert. Die Narrenzunft Wolfach feierte 2015 mit großem Stolz ihr 200-jähriges Bestehen.

Viel weiter zurück reicht die Narrentradition in Gengenbach, wo Fastnachtsfiguren wie der Schalk, der Spättlehansel, die Klepperlesbube und der Lumpenhund ihr Unwesen treiben. Seit 1286 wird in dem malerischen Städtchen farbenfroh der Winter ausgetrieben. Und laut natürlich auch, denn auch in Gengenbach darf die Guggenmusik nicht fehlen.

Schon im Januar nimmt die Fastnacht Fahrt auf. »Schnurre und schnaige« ist nicht nur im Kinzigtal eine wichtige Wochenendbeschäftigung vor der eigentlichen Fastnachtswoche. Die fünfte Jahreszeit ist Gesetz, und man braucht vor allem eins: Durchhaltevermögen.

Hästräger beim Umzug in Wolfach im Kinzigtal

Die Zeller Architektur überrascht.

Jugendstil trifft Topinambur: Zell am Harmersbach

Wer an Schwarzwald denkt, der denkt gemeinhin an Fachwerk, wenn es um Architektur geht. In Zell am Harmersbach aber muss man umdenken, denn hier ist der Jugendstil zu Hause. Das ergibt ein ungewöhnliches Stadtbild, es ist fröhlich bunt entlang der kopfsteingepflasterten Zeller Hauptstraße.

Natürlich gibt es auch in Zell am Harmersbach Fachwerk und schönes noch dazu. Herausragend aber sind die Jugendstilfassaden in der Altstadt, die der Ort zwei Großbränden um die Wende vom 19. zum 20. Jahrhundert zu verdanken hat. Deshalb geht Zell über das Mittelalter hinaus und überrascht mit feinsten Ornamenten und verspielten Linien in Gips und Stein. Ein ungewöhnlicher Anblick ist das im Schwarzwald allemal. Weiß gefasste Giebel, die in verschiedenen Pastelltönen verputzt wurden. Eine völlig andere, bezaubernde Architektur, die betrachtet und genossen werden will. Am besten, indem man einfach durch die Altstadt schlendert und die Augen offen hält. Alternativ kann man im Sommer auch in den Straßencafés den Blick schweifen lassen oder sich einer Stadtführung anschließen, die für Kinder ist besonders empfehlenswert.

Mit den Jugendstilfassaden geht Zell am Harmersbach den Schritt Richtung moderne Architektur und hat sich bis heute den Blick in die Zukunft erhalten. Ob im Museum für zeitgenössische Kunst oder im Bräukeller, wo Küchenchef Jürgen Pfeiffer gerne Altes mit Neuem verbindet. Pfeiffer kocht gerne mit Topinambur, der sonst eher zu Schnaps verarbeitet wird, im Bräukeller aber als Delikatesse auf den Tisch kommt. Topinamburfelder sieht man immer häufiger im Schwarzwald, auch im Kinzigtal. Die Pflanze sieht auf den ersten Blick wie eine zu klein geratene Sonnenblume aus und man muss schon genauer hinschauen, um Sonnenblumen von Topinambur unterscheiden zu können. Meist erkennt man ihn daran, dass er kleinflächiger angebaut wird als Sonnenblumen. Die Knolle schmeckt leicht nussig und ist kalorienarm.

Stadtführungen im Sommer jeden Di 20 Uhr, Start am Kanzleiplatz · www.zell.de · Bräukeller Di–So 11.30–14.30 Uhr, 18–24 Uhr · Fabrikstraße 8 · 77736 Zell a. H. · Tel. 07835/548800 · www.braeukeller-zell.de · Haltestelle Haslach, RE, dann Taxi

70

Filmstadt
Gengenbach

Müsste man eine idyllische süddeutsche Kleinstadt erfinden, dann wäre das Gengenbach. Ein Traum für Regisseure wie Tim Burton (»Edward mit den Scherenhänden«). Er hat einen Hang zum Märchenhaften und braucht dafür die entsprechende Kulisse. Für »Charlie und die Schokoladenfabrik«, ein animiertes Musical mit Johnny Depp, wählte der Regisseur Gengenbach als Hintergrund. Die deutsche Familienserie der Siebzigerjahre, »Die Powenzbande« mit Gustav Knuth, wurde ebenfalls hier gedreht. Die kinderreiche Familie Powenz fällt in ein gutbürgerliches Städtchen ein und stiftete jede Menge Unruhe. Gengenbach lohnt wegen der Erinnerung.

www.stadt-gengenbach.de · Haltestelle Gengenbach Bahnhof, RE ab Offenburg

71

Der Affe
des Commanders

Gin ist in. Der Klassiker kommt aus London, der Beste aus dem Schwarzwald: Monkey's 47, mehrfach preisgekrönt, aus dem Hause Black Forest Distillers. Ein Commander der amerikanischen Besatzungsmacht namens Montgomery Collins eröffnete in den Fünfzigerjahren in Loßburg den Landgasthof »Zum wilden Affen«. Er brannte Gin aus Wacholder, vielen Kräutern und reinem Quellwasser. Alexander Stein hat dieses alte Rezept aufgegriffen und einen neuen Gin komponiert, mit 47 regionalen Zutaten wie Fichtensprossen und Brombeerblättern. Seine Zitrusnote mit den herben Fruchtkomponenten und dem pfeffrigen Unterton wird von Barkeepern, zum Beispiel in der Bar Erika in der Freiburger Kartäuserstraße, geschätzt.

Bar Erika · Kartäuserstraße 54 · 79102 Freiburg · www.facebook.com/ErikaBarFreiburg ·
Haltestelle Brauerei Ganter, S-Bahn S1

Klein, aber fein: der malerische Altstadtkern von Gengenbach.
Der Monkey's 47 – regionale Zutaten machen seinen besonderen Geschmack aus.

Wo meilenweit der Tabak wuchs

Der Rhein war einst eines der bekanntesten Tabakanbaugebiete Deutschlands, mehr als 300 Fabriken stellten Zigarren und Zigaretten her. Die großen Zeiten des Tabakanbaus sind inzwischen vorbei, aber noch immer kommt der Großteil des deutschen Tabaks aus der Region westlich des Schwarzwalds.

Tabak gedeiht in der sonnigen und feuchten Rheinebene auf den nährstoffreichen Böden so gut wie der Wein an den trockenen Hängen des Kaiserstuhls. Man muss nicht bis nach Südamerika reisen, um guten Tabak zu finden. Mehr Wissen über den Tabakanbau am Oberrhein vermittelt das Tabakmuseum in Mahlberg: Es zeigt Kurioses, wie den ersten Zigarrenautomaten der Welt, und Überraschendes, wie die Sammlung von Banderolen mit den Bildnissen aller deutschen Kaiser. Natürlich gibt es auch alte Maschinen, Zigarren, Dosen und Zigarettenpackungen der Fabriken aus der Region zu sehen. Roth-Händle war hier wohl die bekannteste Firma, die Zigaretten herstellte. Neben dem Museum steht eine der eigentümlich aussehenden Trockenscheunen, die den Feldern einen ganz eigenen Reiz geben.

Entlang des Rheins wurde wohl bereits im 16. Jahrhundert der Tabak in schmalen, luftdurchlässigen Spezialscheunen getrocknet. Davor einfach in den Wohnstuben der Bauern. Die großen grünen Blätter wurden auf Schnüre gezogen und für zwei bis drei Monate umgekehrt aufgehängt. Die unterschiedliche Qualität war dabei sehr wichtig. Für die Deckblätter der Zigarren verwendete man die unteren Blätter der Pflanze, weil die am wenigsten Nikotin enthalten. Bis in die Fünfzigerjahre des vergangenen Jahrhunderts war der Tabakanbau in der Rheinebene ein guter Verdienst für die Bauern. Doch dann sanken die Preise dramatisch, der Anbau war Ende der Sechzigerjahre schon nicht mehr rentabel.

Ein Erlebnis ist eine Tabakscheunen-Foto-Tour entlang des Rheins, vor allem an sonnigen Sommerabenden sehr atmosphärisch, alles erinnert ein wenig an den Film »Die Brücken am Fluss«.

Oberrheinisches Tabakmuseum Mahlberg · Mai–Sept. So, Feiertag 10–17 Uhr, Gruppenführungen auch wochentags · Erw. 3,50 € · Kirchstraße 2 · 77972 Mahlberg · Tel. 0 78 25/8 43 80 · www.tabakmuseum-mahlberg.de, www.mahlberg.de · Haltestelle Orschweier, RE

Die Tabakfelder in der Rheinebene sind nicht nur für Raucher interessant.

73 Mit dem Rad rund um Emmendingen

Michael Rich war in seiner aktiven Zeit ein erfolgreicher Radrenn-fahrer, gewann unter anderem olympisches Gold in Barcelona mit dem Mannschaftsvierer über 100 Kilometer auf der Straße. Der Mann mit der unglaublichen Trittkraft ist Emmendinger durch und durch, hier hat er Zehntausende Kilometer runtergespult.

Es ist ihm nie langweilig geworden auf den Strecken rund um Emmendingen. Das Terrain ist ideal für Radfahrer aller Couleur, flache Abschnitte, sanfte Hügel und bissige Anstiege, die fordern. Rund um Emmendingen ist für jeden etwas dabei. Auch für jene, die weniger um des Trainings willen unterwegs sind als vielmehr, um die Schönheiten der Region zu genießen. Das Gebiet rund um Emmendingen ist auch für Ausflügler ideal, so gibt es allein vier Burgen in der Gegend, die allesamt ein spannendes Ausflugsziel sind.

Die Strecken rund um Emmendingen sind ideal für einen Radausflug mit der ganzen Familie.

Die Hochburg Emmendingen ist eine der imposantesten Ruinen Süddeutschlands. Sie trutzt auf einem felsigen Ausläufer des Hachbergs. Weitere Highlights der Gegend sind die Burg Landeck oberhalb Mundingen und in Kenzingen die Burg Lichteneck, 1675 von General Vauban zerstört. Die vierte Burgruine steht bei Waldkirch, die Kastelburg. Ob man die Burgen gezielt anfährt oder spontan in die Pedale tritt, rund um Emmendingen ist alles möglich. Darum hat auch die Regio-Tour regelmäßig in Emmendingen Etappen ausgetragen. Man kann Emmendingen auch problemlos mit der Bahn erreichen und direkt am Bahnhof starten. Wer sich grob Richtung Norden hält, macht alles richtig, südlich beginnt schnell das Freiburger Industrieland.

Michael Rich ist auf der ganzen Welt Rad gefahren, bei der Tour de France auf den Champs-Élyssées. Eins aber weiß er genau, rund um sein Emmendingen lässt es sich am besten Rad fahren, ob flach entlang der schier endlosen Maisfelder oder steil die Weinberge und Wiesenhänge der Schwarzwaldausläufer hinauf. Wer einen Platten oder keine Lust auf Radfahren hat, der kann den Vier-Burgen-Weg Breisgau zu Fuß gehen. Das Wegsymbol, ein kleiner grüner Kreis, dient dem Wanderer auf den 31 Kilometern als Orientierung. Start ist in Kenzingen oder in Waldkirch.

www.breisgau-burgen.de · www.emmendingen.de/de/radfahren/

Nur nicht untergehen – das Atlantis in Herbolzheim

Das »House of Music« ist eine klassische Disco im alten Stil, ein uriger Gewölbekeller mit moderner Bar und Lightshow, in Herbolzheim eine Institution. Hier wird schon seit über 30 Jahren Musik aufgelegt. Inzwischen, je nach Tag, eine andere Stilrichtung. Man muss sich nur den richtigen Tag aussuchen.

Mittwoch ist »Grungetag« im »AT«. Donnerstags fallen die Preise an der »Getränkebörse«, Halligalli und Party zum kleinen Preis, und das schon ab 16 Jahren. Dazu gibt es Oldies und alles, was man noch so von früher kennt. Freitags wird bei der »Music Time Lapse« Musikgeschichte gespielt. Zeit ist eben relativ und Musik speziell, es gibt von allem was und dazu als besonderen Hingucker die Originalvideos. Unfassbar, was Whitesnake für Outfits und Frisuren hatten! Samstag ist »Tanz durch die N8«, Party pur. Rock auf die Ohren gibt es am Sonntag, dazu Indie, dazu werden Crosso-

Bevor die Tanzfläche zum Leben erwacht.

ver und Alternative serviert. Legendär sind auch die Sonderveranstaltungen zu Weihnachten oder Halloween.

Die Konkurrenz aus Riegel und Kenzingen hat einen Richtungswechsel angeregt. Früher war vieles härter im Atlantis: Heavy Metal, die alten Rockklassiker, Wave. Die Zeiten sind vorbei, und das Atlantis schwimmt mehr auf der Mainstream-Welle. Am ehesten ist es am Sonntag noch das alte Atlantis.

Das sagenumwobene und versunkene Reich Atlantis ist es nicht. Schließlich liegt dieses nicht im Meer. Aber eine gute Location für partywilliges Tanzvolk ist es allemal. Praktisch vor allem, weil die Disco vom Bahnhof Herbolzheim fußläufig zu erreichen ist. Die Atlantis-App bringt die Musik direkt aufs Handy oder Tablet. Mit der VIP Card (130 €)

▶ **Wer was Süßes braucht: Bei der Bären Company hinter dem Autohof an der Autobahnauffahrt A 5 Herbolzheim gibt es Fruchtgummi im Fabrikverkauf.**

hat man das ganze Jahr freien Eintritt. Wer es größer mag kann das Atlantis auch mieten, Abi-Feten oder Junggesellen-Abschiede lassen sich im alten Gewölbekeller ganz besonders ausgelassen und lautstark feiern. Und die Sache mit dem Untergang muss man hier nicht allzu ernst nehmen.

Atlantis · Stockfeldstraße 6 · 79336 Herbolzheim · Tel. 0 76 43/16 00 · www.atlantis-herbolzheim.de · Haltestelle Herbolzheim (Breisgau), RE

Ein Herbolzheimer »Urgestein« – das Atlantis

Obstblüte in der Rheinebene.
Orchideen in all ihrer Vielfalt entdeckt man im Sundheimer Grund.

Orchideen suchen im Sundheimer Grund

75

Spaziergang klingt nach Sonntagnachmittag und frustrierten Teenagern. Geht auch anders, als Entdeckungstour zum Beispiel. Raus aus dem Haus, rein ins Auto und ab gen Norden, um in der Ortenau ursprüngliche Streuwiesen und Orchideen zu suchen. Man muss es ja nicht unbedingt Spaziergang nennen.

Mädesüß, Tausendgüldenkraut und Prachtnelken sind leicht zu entdecken, sie kommen im Natur- und Landschaftsschutzgebiet Sundheimer Grund inzwischen häufig vor. Seit 1996 ist hier ein Biotop entstanden, das langsam wieder zur wilden und ursprünglichen Natur zurückkehrt. Unweit der Häuschen und Obstwiesen der Kleingärtner herrscht Stille. Nein, es schnattert und plätschert, zirpt und lockt. Der Altwasserarm ist voller Leben, Zwergtaucher, Grünspechte und Schnatterenten, ein Graureiher fliegt unter lautem Protest auf, wenn man sich in die Schilfzone vorwagt. Kehl ist nahe, und doch fühlt man sich fernab jeglicher menschlicher Behausung. Die Natur wird hier belassen, wie sie ist, es sei denn, bestimmte Pflanzen gefährden den Sundheimer Grund. Pappeln und Brombeerbüsche mussten weichen, um die kostbaren Streuwiesen nicht zu gefährden. Gerade Brombeeren sind hochgradig invasiv und verhindern die Entwicklung sensiblerer Arten. Die Orchideen, die hier wieder wachsen, sind streng schützt und dürfen nur bewundert, nicht aber mitgenommen werden.

▶ **Würstchen und Kartoffelsalat mitnehmen und den Grillplatz nutzen. Vorher aber bei der Stadt Kehl anmelden, Anträge einfach über die Homepage stellen.**

   Am besten geht man mit einem Pflanzenführer in den Sundheimer Grund, die Farben und Formen der wilden Orchideen sind so unterschiedlich, dass man entweder Experte sein muss oder auf Hilfsmittel zurückgreifen sollte. Es gibt in Deutschland ungefähr 60 verschiedene Arten. Sie brauchen vor allem Ruhe und Zeit. Manche blühen erst nach 16 Jahren. Man sollte also ein wenig Geduld mitbringen.

Sundheimer Grund · südlich von Sundheim · Grillplatz buchbar über www.kehl.de/stadt/stadtverwaltung/dienstleistungen/grillplatz · Stadt Kehl Liegenschaften Herderstr. 3 · 77694 Kehl · Tel. 0 78 51/88 11 58 · www.kehl.de · Nutzung nur bis 22 Uhr · mit öffentlichen Verkehrsmitteln nicht erreichbar

Mit dem Wehr wird dem Rhein etwas von seiner Kraft genommen.

Kulturwehr Kehl

Mit Kultur hat das Kulturwehr Kehl nichts zu tun, dafür aber mit Wasser. Mit jeder Menge Wasser. Und mit Zurückhaltung. Der Oberrhein braucht gelegentlich »Rückhalt«, und in Kehl bekommt er ihn. Denn zu viel Wasser ist gefährlich für die Kulturlandschaft, die sich rechts und links des Stroms erstreckt.

Wenn starke Regenfälle den Wasserspiegel ansteigen lassen, dann wird das Hochwasser zurückgehalten. Das geschieht in Basel, Breisach und am Kulturwehr in Kehl. Nur so kann sichergestellt werden, dass das Hochwasser keine Schäden anrichtet. Diese kontrollierte Schadensvermeidung ist spannender, als man zunächst denkt. Ein paar Zentimeter können schon den Unterschied machen, zwischen Überströmung und damit Überschwemmung oder Trockenheit und Sicherheit. Für die Bewohner entlang des Rheins eine zentrale Frage. Hier war Überflutungsgebiet, erst als die Menschen wegen des fruchtbaren Bodens nahe des Wassers siedelten, begannen die Probleme, die auch mit der Rheinbegradigung nicht behoben wurden.

Kehl ist der größte Polder am Oberrhein, in seinem Rückhaltebecken können bis zu 37 Millionen Kubikmeter gestaut werden. Wer im Winter mit Holz heizt: Ein Ster ist ein Kubikmeter. Das mal 37 Millionen. Eine unvorstellbare Wassermasse. Am Tag der offenen Tür kann man sich das Wehr auch von innen ansehen. Die Steuerzentrale ist für Technikfreunde ein Genuss, der Gang unter den Rhein aber gerade bei hohem Pegelstand gewöhnungsbedürftig. Durch die Gewalt des Wassers fühlt man sich ganz klein.

Die Anlage wurde 2012 mit großem Aufwand saniert. Wenn hier die Schleusen geöffnet werden, dann merkt man das in Iffezheim, Karlsruhe und Speyer ganz deutlich. Was hier verhindert wird, kommt in Köln oder Koblenz gar nicht erst an. Und was der scheinbar so friedliche Rhein da anrichten kann, das hat die Vergangenheit in verheerendem Maße gezeigt. Hochwassertouristen dagegen sorgen immer wieder für Probleme rund um das Kulturwehr. Die Wassermassen sind gefährlich, viele üben aber zu wenig Zurückhaltung und wagen sich einfach zu weit vor.

Kulturwehr Kehl · zwischen Sundheim und Marlen am Rhein · Beschilderung ab B 36 folgen

Abenteuer Wohnen in Linx

Ein schwedisches Möbelhaus warb vor ein paar Jahren mit dem Slogan »Wohnst du noch oder lebst du schon?« Dabei kann wohnen doch ein richtiges Abenteuer sein. Die World of Living in Linx wartet mit einigen Überraschungen auf. Eine davon: Fertighäuser sind alles andere als langweilig.

Wie ein unbekanntes Flugobjekt schwebt das Ding zwischen den Wipfeln der Bäume. Holz und Glas dominieren den röhrenförmigen Bau, den man über drei Treppen und eine Terrasse betreten kann. Drinnen viel Holz, viel Aussicht und sehr viel Spaß. Vor allem Kinder wollen hier sofort einziehen.

Das Baumhaus ist nur eines von vielen Ausstellungsstücken auf dem Gelände der Firma Weber. Hier steht alles komplett eingerichtet, vom schwellenfreien Bungalow über das energieeffiziente Passivhaus bis hin zur repräsentativen Luxusvilla. Gerne auch mit Pool. Es ist, als könnte man bei den unterschiedlichsten Menschen in die Wohnung schauen. Ein Streifzug durch die Leben anderer und die Frage: »Wer bin ich, und wie will ich wirklich wohnen?«. Selbst wer kein Interesse am Kauf eines Fertighauses hat kann sich Tipps und Tricks fürs Bauen und Wohnen abschauen. Hier weiß man über Energiestandards und Haustechnik Bescheid.

Es gibt viel zu sehen auf dem 7500 Quadratmeter großen Gelände samt See und japanischem Garten. Ein weitläufiges Areal, auf dem man problemlos zwei, drei Stunden zubringen kann. Wer genug von Häusern hat, der kann im »Universum der Zeit« Spaß haben, eine Reise durch die Geschichte des Wohnens der letzten 20 000 Jahre mit Ausblick in die Zukunft. Von der Steinzeit nach Ägypten und Rom und weiter ins Mittelalter. Wie wohnte man damals? In der World of Living können auch Kindergeburtstage gefeiert werden. Dabei wird ein Schatz gesucht und Rätsel der Steinzeit müssen gelöst werden. Ein Spaß für kleine Entdecker und Forscher. Denn World of Living ist mehr als nur ein Ausstellungsgelände für Fertighäuser, hier wird Wohnen zum Abenteuer.

World of Living · Erlebnispark Erlenpark · Di–So 10–17 Uhr · Am Erlenpark 1 · 77866 Rheinau · Tel. 0 78 53/8 38 00 · www.weberhaus.de

In der World of Living werden viele Vorurteile über Fertighäuser fallen.
So sieht vielleicht die Zukunft des Wohnens aus.

Fachwerk im großen Stil in Bodersweier.
Entlang der B 36 wohnt es sich charmant und idyllisch.

Viel schöner als ihr Ruf:
die B 36

Man kennt sie aus den Verkehrsnachrichten: ein Schwertransport auf der B 36, der nicht überholt werden kann. Das ist kein guter Zeitpunkt für eine Fahrt auf der B 36, aber an allen anderen Tagen lohnt eine Spritztour auf der wohl am meisten unterschätzten Straße Badens.

Der Ausflug nach Norden zum südlichen Ausläufer der B 36 lohnt, unabhängig vom Wetter. Wer den ganzen Tag damit zubringen will, der fährt bis nach Mannheim, wo die B 36 endet. Doch nach Rastatt hört es auf mit der idyllischen Routenführung, ab hier sind Ortsumfahrungen eingerichtet, und die optisch schönere Streckenführung durch die kleinen malerischen Dörfer weicht einer schnelleren, aber weniger schönen.

Die Straße führt zwischen der A 5 im Osten und dem Rhein im Westen von Süden geradewegs nach Norden. Wer dem Touristentrubel entlang der B 3 entkommen will, ist auf der deutlich stilleren und über weite Strecken weniger besiedelten B 36 genau richtig.

▶ **An einem der vielen Hofläden entlang der Straße einkaufen. Hier gibt es je nach Jahreszeit Erdbeeren, Spargel oder Äpfel zu kaufen.**

In Neuried lohnt die von Friedrich Weinbrenner, dem Meister des badischen Klassizismus, erbaute Kirche. Die romantischen Fachwerkhöfe mit ihren blühenden Gärten entlang der Hauptstraße verbreiten Postkartenflair. Badische Moderne gibt es in der Kirche in Goldscheuer zu bewundern, mit bunten Neonarrangements samt Schwarzwaldmadonna. Natürlich von keinem geringeren als Stefan Strumbel entworfen. Seine Pop-Art transportiert Heimat in eine neue Dimension. Strumbel schuf das Mädchen mit dem Bollenhut und der Handgranate. Ein weiterer spannender Ort an der B 36 ist Sundheim, wo badische Hühner namens Sundheimer gezüchtet werden. Im denkmalgeschützten Ortskern des kleinen Bodersweier finden sich die typischen Kniestockhäuser. Deutlich seltener sind die einstöckigen Fachwerkhäuser der Nebenstraßen.

Es scheint, als tickten die Uhren hier ein klein wenig langsamer entlang der B 36, und vielleicht ticken sie gerade deshalb ein klein weniger schöner.

www.neuried.net · www.sundheimerhuhn.de · www.kehl.de

Goldscheuer –
wo Sauerkraut olympisch ist

Alljährlich finden in Goldscheuer bei Kehl Olympische Spiele statt, von denen das Internationale Olympische Komitee (IOC) nichts weiß: die »Olympischen Krutspiele«, die inzwischen zum Highlight des traditionellen Sauerkrautfests geworden sind. Kraut und Spiele – das gibt es nur in der Ortenau.

Für viele Amerikaner und Engländer sind die Deutschen immer noch die »Krauts«, ganz besonders diejenigen, die es nicht nur essen, sondern auch anbauen, was im Badischen durchaus viele tun. Ein Nationalgericht, das in den meisten Teilen Deutschlands etwas aus der Mode gekommen ist, nicht aber in der Ortenau. Schließlich ist es gesund, kalorienarm und hat jede Menge Vitamin C. In Goldscheuer hat der Sauerkrautanbau Tradition, und das alljährliche Fest war immer schon die Attraktion im Dorf. In der Region haben noch viele Haushalte die alten braunen Steinguttöpfe, in denen das Sauerkraut traditionell über den Winter gelagert wurde.

Das alljährliche Sauerkrautevent hat alles, was so ein Fest braucht: Blasmusik, Kraut (mit Schweinefleisch und Kartoffeln) und gute Laune im Festzelt. Inzwischen ist auch noch der Sport dazugekommen: die Olympischen Krautspiele. Die Disziplinen sind vielfältig, ein Krautkopf ist aber immer irgendwie im Spiel. Rücken an Rücken, einen Sauerkrautkopf im Kreuz eingeklemmt, gilt es eine vorgegebene Strecke zu bewältigen. Ob Krautkopftanz, Elefantenrennen oder einfach nur Tauziehen, der Sieger heißt am Ende immer Sauerkraut. Dazwischen wird gefachsimpelt, schließlich gibt es die unterschiedlichsten Möglichkeiten, Sauerkraut zuzubereiten: mit Champagner oder Sekt, mit Weißwein oder mit Brühe. Auf dem Festplatz gegenüber der Markthalle regiert das säuerliche Gemüse eine Woche lang Ende September. Meist mit Schweinefleisch oder Bauchspeck serviert. Im benachbarten Elsass werden dazu noch Bratwürste und Blutwurst üppig auf das Kraut gestapelt (in dem Fall keine olympische Disziplin). Dann ist es mit der Kalorienarmut natürlich vorbei.

Ortsverwaltung Goldscheuer · Römerstraße 62 · 77694 Kehl · Tel. 0 78 54/9 69 80 · Festplatz gegenüber der Sparkasse · www.kultur.kehl.de/html/kultur/veranstaltung

Aenne Burdas Offenburg – Emanzipation mit Folgen

Aenne Burda war eine der stärksten, cleversten und emanzipiertesten Frauen der jüngeren deutschen Geschichte. Die Offenburgerin war Unternehmerin und ihre Mode weltberühmt. Ihr Siegeszug begann dabei allerdings denkbar schmerzhaft – nämlich mit den Affären ihres Mannes.

Dieser Mann war kein geringerer als der Verleger Franz Burda, ein echter Patriarch mit viel beruflichem Erfolg und vielen außerehelichen Affären. Als er einer seiner Geliebten und Mutter seines unehelichen Kindes einen Modeverlag einrichten will, setzt ihm seine Frau Aenne die Pistole auf die Brust. Sie will den Verlag, sie will Modezeitschriften herausgeben, sie will Macht und Unabhängigkeit. Sonst bekommt er eine skandalöse Scheidung. Und sie bekommt, was sie will, hat die Schwäche ihres Mannes zu ihrem Vorteil genutzt. Im Deutschland der Nachkriegszeit ein unerhörter Akt. Frau Burda hatte sich behauptet und den ersten Schritt in Richtung eigene und erfolgreiche Karriere gemacht. Die Schnittmuster machten ihren Verlag zu einem Modeimperium. Die Zeitschrift »Burda Moden« wurde in 120 Länder der Welt verkauft. Ihre unglückliche Ehe hatte sie zu einer überaus erfolgreichen Geschäftsfrau gemacht. Burda stand für tragbare, schicke Mode. Mode, die Frauen selbstbewusster machen sollte, mit Schnittbögen zum selber schneidern. Mit ihrem selbstbewussten Auftreten war sie vielen Frauen ein Vorbild. Die Offenburgerin aus bescheidenen Verhältnissen war Sinnbild des deutschen Wirtschaftswunders. Aenne Burda lebte ein Hochglanzleben, legendär ist das Bild mit Frau Gorbatschow.

Das Vinzentiushaus, eines der wichtigsten historischen Gebäude der Stadt, ist seit 2001 Heim der Seniorenwohneinrichtung des Aenne-Burda-Stifts. Die drei barocken Stockwerke und der alte Baumbestand im Garten konnten mit Aenne Burdas Geld erhalten werden. Garten und Gewölbekeller sind zu besichtigen. Aenne Burdas Vermächtnis aber ist tragbare Mode und lebt deshalb überall auf den Straßen Offenburgs.

Vinzentiushaus Offenburg · Grimmelshausenstraße 28 · 77654 Offenburg · Tel. 07 81/9 28 30 · www.vinzentiushaus-offenburg.de · Garten Mo–Fr 9–16 Uhr · Gewölbekeller-Führungen: im Bürgerbüro · Fischmarkt 2 · 77654 Offenburg · Tel. 07 81/82 20 00

Spektakulär: die Bassgeigenkurve nach Oberbergen

Texaner auf dem Texaspass

Er findet sich auf keiner Karte, der Texaspass, ein malerisch gelegener Bergpass hinter Oberbergen, der vor allem bei Radfahrern besonders beliebt ist. Nur die wenigsten aber wissen, dass der kurvenreiche Anstieg in der Karriere des wohl berühmtesten Radfahrers der Geschichte eine wichtige Rolle gespielt hat.

Im Volksmund heißt er Texaspass, was aber nichts mit dem Texaner Lance Armstrong zu tun hat. Der Texaspass heißt Texaspass, weil es im Sommer dort unfassbar heiß werden kann. Er liegt an der K 4922 zwischen Oberbergen und Kiechlinsbergen, die Strecke ist schön, aber hart für Radfahrer. Vor allem, wenn die Luft flirrt, der Staub den Asphalt bedeckt und man weder von einem vorüberrollenden »Tumbleweed« noch einer Horde mexikanischer Reiter überrascht würde – mit halbem Ohr erwartet man den Angriff lautstarker Indianer. Aber vielleicht liegt das auch nur an der Anstrengung in der Hitze.

▶ **Der nächste »Saloon« ist nicht weit entfernt. Die Hexenstrauße in Oberrotweil ist es wert, dem Stahlross eine Pause zu gönnen. Die Rote Hexe, ein Rotwein-Cuvée, ist köstlich.**

Der Texaspass ist High Noon auf zwei Rädern – nur der Radfahrer und der Berg. Und weit und breit kein Sheriff, nur Weinberge und der Anstieg. Als die Regio-Tour in ihren großen Jahren regelmäßig hier die Königsetappe ausfuhr, da mussten die Teilnehmer der Rundfahrt bis zu neunmal den Pass hinauf. Manchmal bei weit über 30° Celsius. Die Steigung ist mörderisch, an den steilsten Stellen elf Prozent und der Anstieg ein langer Kampf gegen den Krampf. Der Texaspass (385 m) ist so was wie das l'Alpe d'Huez (1860 m) des Kaiserstuhls und ja, auch Lance Armstrong ist hier gefahren, im Jahr unmittelbar nach seiner Krebserkrankung, als er diesen unfassbaren Ehrgeiz entwickelte und sich verbissen auf die Tour de France vorbereitete. Er sollte das größte Radrennen der Welt siebenmal gewinnen und Jahre später als Dopingsünder überführt werden. Hier am Texaspass hat Armstrong die ersten Schritte zurück in den Leistungssport gemacht. Die Etappe hat der Amerikaner natürlich gewonnen, der ehrgeizige Texaner auf dem Texaspass.

Die Buslinie 295 hält in Oberbergen Badbergstraße. Der Pass liegt an der K 4922 und der K 5127.

chill'n'swim am Hartheimer

Baden am Bagersee gehört in Freiburg und dem Südschwarzwald zum Lebensgefühl. Wer an heißen Tagen nicht einfach nur am Dreisamufer sitzen oder versuchen will, im Lorettobad ein ruhiges Plätzchen zu finden, der fährt raus in die Rheinebene und entspannt sich sonnend an einem der vielen Baggerseen.

Weil man in der Regel an heißen Tagen nicht der Einzige ist, der diese Idee hatte, sind die meisten Baggerseen auch alles andere als idyllisch. Es gibt spezielle Familienbaggerseen, die für Familien alles bieten, was man sich wünscht. Für Ruhe suchende Sonnenanbeter sind sie dagegen nichts. Es gibt auch angesagte Seen, wo sich die Jugend laut vergnügt und nicht nur tagsüber, sondern auch noch bis spät in die Nacht hinein feiert. Auch da sind Freunde der stillen Erholung eher fehl am Platz. Für solche Sonnenanbeter gibt es den Hartheimer Baggersee, einer der ruhigsten in der

Entspannen an einem der vielen Baggerseen im Südschwarzwald

Gegend. Kein Vergleich zu den lebhaften Badeseen wie dem Rimsinger. Am Hartheimer gibt es einen Familienbereich, einen Jugendbereich und einen (nicht extra abgegrenzten) FKK-Bereich. Aber es gibt vor allem eins – ruhige Eckchen. Und das obwohl er einer der kleinsten Seen der Region ist. Vielleicht aber auch gerade deswegen. Das liegt wahrscheinlich vor allem daran, dass der Weg vom Parkplatz zum See doch ziemlich lang ist. Radfahrer haben es da einfacher. Sie können bis zum See vorfahren. Fußgänger müssen schleppen, doch die Anstrengung lohnt. Das Wasser hat nachgewiesenermaßen seit Jahren eine gute Qualität und ist so intensiv blau, dass man der Verlockung, sofort schwimmen zu gehen, oft nur sehr schwer widerstehen kann. Eintauchen und im kühlen Nass ausspannen. Wer also in Ruhe seine Unisachen lesen oder einfach nur in der Sonne dösen möchte, wer nach einer Partynacht einen Tag chillen will (es gibt auch genügend Schattenplätze rund um den See, ein großer Teil ist bewaldet) oder wer einfach nur im kleinen Kreis entspannt grillen möchte, der ist am Hartheimer genau richtig. Auf der Relaxskala von 1–10 bekommt er eine gute 8.

Haltestelle Hartheim Rathaus, Bus 7240 und 242, dann langer Fußweg, besser mit Auto oder Fahrrad

Wiedehopf und Hefezopf am Kaiserstuhl

Man muss weder Ornithologe noch Botaniker sein, um die Vielfalt der Pflanzen und Tiere am Kaiserstuhl schätzen und lieben zu lernen. In Deutschlands sonnengefluteten Süden hat sich die Natur eine Heiterkeit bewahrt, die sich unweigerlich auf jene überträgt, die sich die Zeit nehmen, sie zu genießen.

Die Vogelvielfalt am Kaiserstuhl lockt sogar internationale Reisende, immer mehr englischsprachige Touren werden angeboten, »Birdwatching« eben. Manche suchen sich auch über das Internet Birdwatching-Freunde aus der Region, mit denen sie dann losziehen. Denn einfach nur losgehen und nach ein paar Vögeln und Pflanzen Ausschau halten, ist selten von sonderlich viel Erfolg gekrönt. Zwischen den Reben, auf den Rücken ehemaliger Vulkane, ist die hügelige Landschaft einzigartig, und Flora und Fauna sind vielfältig. Der Kaiserstuhl ist nur 16 Kilometer lang und knapp 13 Kilometer breit. Ein überschaubares Terrain. Dennoch bieten sich geführte Touren an. Das Angebot reicht von Tagesausflügen für Einheimische bis hin zu einer Woche all inclusive für Genussreisende. Neben einer Fotoausrüstung ist vor allem ein Fernglas hilfreich. Inzwischen gibt es gute Modelle, die sich auch den Sehschwächen anpassen lassen, so braucht man die Brille nicht aufbehalten, wenn man dem Wiedehopf beim Zwitschern zusehen möchte.

Das Angebot »Wiedehopf und Hefezopf« führt durch die Schönheiten des Kaiserstuhls. Der Wiedehopf, der sich inzwischen rasant vermehrt hat, der Wendehals und vor allem der ultrabunte Bienenfresser (als Geheimtipp gelten hier Badberg und Haselschacher Buck) locken immer wieder die Fotografen und Vogelkundler, ebenso wie Smaragdeidechsen, Orchideen und die sanfte und heitere Schönheit des Rebenlands. Dazu gibt es selbstgebackenen Kuchen.

Es duftet und zwitschert überall, man kehrt in Gasthäuser ein, die großartigen Wein und herzhafte Hausmannskost in gemütlichem Ambiente anbieten und in denen man ereignisreiche Tage genussvoll ausklingen lassen kann.

Wiedehopf und Hefezopf · 5 Tage für 499 € ·
www.birdingtours.de · Haltestelle Altvogtsburg, Bus 295

Die wunderschönen Vögel am Kaiserstuhl entdeckt man am besten mit dem Fernglas.

84

Das kleinste Weingut im Kaiserstuhl

Wenn man von einer guten Lage spricht, dann wissen Weinkenner sofort Bescheid. Experten murmeln den Namen gern leise vor sich hin, während sie, einen Tropfen schlotzend, degustieren. Die Lage Kirchberg am Kaiserstuhl ist herausragend, darin sind sich die Kenner einig.

Oberrotweil ist eine der besten Lagen des Kaiserstuhls, sagt die Bibel der Weinkenner, der Gault-Millau. Auf der Gemarkung Schelingen bauen zwei Winzer an, das Weingut Vogel und das Weingut Gregor und Thomas Schätzle. Der Kirchberg ist ertragreich und bietet außerdem vielen Pflanzen und Tieren wertvollen Lebensraum. Orchideen gedeihen hier, seltene Vögel und Eidechsen bevölkern die Steinwände. Der Artenreichtum ist enorm, und der Wein zeugt in seiner Qualität von der Liebe zur Natur seiner Winzer. Nicht zuletzt deshalb zählt dieser Weinberg zu den wertigsten in Europa.

»Wir sind keine Weinmacher, sondern Naturassistenten«, sagen die Schätzles von sich, und das spürt man. Ihre Weinproben mit geführter Weinbergwanderung sind vor allem, wenn es Richtung Herbst geht, sehr empfehlenswert. Im Rostbraun der Reben glänzen die vollen Trauben in der warmen Sonne. Es duftet nach Erde und Reife. Doch es gibt auch viel Interessantes zu erfahren über den Wein und seinen Anbau. Wie sieht eine herausragende Lage aus, und wie schmeckt der Wein, der genau hier wächst? All solche Fragen werden beantwortet. Wer will kann auch alleine los, mit einem Genuss-Rucksack, der aus drei verschiedenen Weinen und einem Picknick besteht und für zwei Personen für 30 Euro zu haben ist. Weinwandern mit Genussgarantie, denn die Rastplätze, die hier Genussplätze heißen, laden zum Schauen, Trinken und eben zum Genießen ein. Die Strecke ist 3,3 Kilometer lang und überwindet dabei 130 Höhenmeter. Das schaffen auch Ungeübte problemlos, schließlich wird, wenn man alles richtig macht, der Rucksack von Genussstopp zu Genussstopp immer leichter. Wer mit dem Auto anreist, der kann eine Ortswein-Kollektion mitnehmen.

Weingut Schätzle · Mo–Fr 8–12 Uhr, 13.30–18.00 Uhr, Sa 9–16.00 Uhr · Heinrich-Kling-Straße 38 · 79235 Vogtsburg im Kaiserstuhl · Tel. 0 76 62/9 46 10 · www.weingutschaetzle.de · Haltestelle Oberbergen, Bus 295

Weinreben von besonderer Güte.
Der Name Schätzle steht für Qualität.

85 Harmonischer wandern mit Lola und Emma

Ein Esel entschleunigt, sagen die Freunde des Eselwanderns, das inzwischen immer mehr Anhänger hat. Denn eines können Esel ganz besonders gut: Ruhe vermitteln. Lola und Emma heißen die Eseldamen, die am Kaiserstuhl für Entschleunigung sorgen. Los geht es im Weinort Ihringen. Ganz gemächlich. Der Kopf schaltet schnell ab. Und schon ist die Entspannung da. Im gemütlichen Grautiertrott geht es hinauf auf die Erzhütte. Urig und naturverbunden. Mit Eseln ist eine Wanderung ein völlig neues Erlebnis, denn das eigene Tempo ist nicht das Entscheidende. Und störrisch sind diese Damen gar nicht. Man möchte gar nicht mehr mit dem Streicheln aufhören. Übrigens, der Uhrmacher Badelang verkauft im T'antique in der Wasenweilerstraße 5 die Ihringer Esel in Silber oder Gold.

Gemeinde Ihringen · Kaiserstuhl Touristik e.V. · Bachenstraße 38 · 79241 Ihringen am Kaiserstuhl · Tel. 0 76 68/93 43 · www.ihringen.de · Haltstelle Ihringen · Bus 7211 und 1976

Wer die Esel gerne mit nach Hause nehmen möchte, bekommt sie hier in Gold und Silber.

Kelten, Römer, Alemannen

Merdingen ist vor allem berühmt für seinen Wein, aber auch für seine archäologischen Funde. Das Dorf ist einer der sonnigsten Spots Deutschlands und wegen seiner fruchtbaren Lößböden seit vielen Jahrhunderten ein attraktiver Wohnort. In der Tat finden sich hier die Überreste vieler Völkergruppen, die hier einst gesiedelt haben. Die ersten Spuren hinterließen die Kelten im 1. Jahrhundert nach Christus. Die Römer waren ebenfalls zu dieser Zeit in Merdingen, was die Überreste eines alten Gutshofs samt Bad im Norden des Dorfes beweisen. Wellness im Sinne der Römer, es gab schon damals Heiß- und Kaltwasserbecken. Nicht zu vergessen die Fußbodenheizung. Die Alemannen aber schufen das, was heute Merdingen heißt. Mehr zu den Funden erfährt man im Freiburger Colombischlössle.

Römisches Badhaus · östlich der 4929 am Ortsausgang Merdingen · der Beschilderung folgen, Haltestelle Merdingen, Bus 31

Merdingen am Tuniberg liegt sehr idyllisch.

Kornelkirschen und Ökowein

Nicht viele Menschen haben je vom Gelben Hartriegel gehört. So nennt man die Kornelkirsche auch. Die seltene Frucht pflegt keine Verwandtschaft mit der heimischen Sauerkirsche, sie ist geschmacks-intensiver, vitaminreicher und sehr viel seltener als die weit verbreitete Sauerkirsche, und deutlich herber ist sie auch.

Kornelkirschen brauchen jede Menge Sonne und kalkhaltige Böden. Beides bekommen sie am Tuniberg. Seit der Antike werden der seltenen Frucht Heilkräfte zugeschrieben. Hildegard von Bingen verwendete sie zur Stärkung des Magens. Sie soll auch Fieber senken können. Eigenschaften, die die Kornelkirsche zu einer begehrten Frucht machen. Heute wird sie hauptsächlich zu edlem Schnaps verarbeitet. Auf dem Ökoweingut Gretzmeier in Merdingen noch zu allerlei anderen Dingen und wer sie einmal probiert hat, der will sie nicht mehr missen. Das Ehepaar Gretzmeier hat diese kulinarische Entdeckung bereits Mitte der Achtzigerjahre gemacht. Geerntet werden sie wie Oliven, man muss allerdings den Moment der optimalen Reife genau erwischen, sonst sind sie viel zu sauer. Die Kornelkirsche ist teuer, das Holz des Baums ist wegen seiner außergewöhnlichen Härte sehr gefragt. Weil es aber sehr langsam wächst (deshalb ist es ja auch so hart), profitiert erst die nächste Generation vom Anbau des Holzes.

Mit Fantasie kocht Elvira Gretzmeier die Wildfrüchte zu Marmelade ein, ihr Geheimtipp: Gin zufügen. Und ihr Kornelkirschen-Chutney ist die ideale Ergänzung zu den regionalen Käse- und Wurstsorten, die das Ökoweingut Gretzmeier in seiner Strauße anbietet. Ein kulinarisches Highlight. Heinrich Gretzmeier macht aromatischen Schnaps aus der edlen Frucht und lagert ihn in Kastanienfässern. Gemeinsam hat das Ehepaar viele leckere Ideen entwickelt, um eine vergessene Wildfrucht wieder ins Gedächtnis der Region rufen. Dazu haben sie auch einen Wein wiederbelebt, der »Elbling« ist eine der ältesten Weißweinsorten Europas. Mit einem niedrigen Alkoholgehalt von 9,7 Prozent ist er genau das richtige Sommergetränk.

Öko Wein- und Sektgut Gretzmeier · Straußwirtschaft Frühjahr und Herbst Mo–Fr ab 17 Uhr, So ab 16 Uhr · Wolfshöhle 3 · 79291 Merdingen · Tel. 0 76 68/9 42 30 · www.gretzmeier.de · Haltestelle Merdingen Sonne, Bus 31 ab Paduaallee

Heinrich Gretzmeier macht auch Wein aus einer lang vergessenen Frucht.

Schuhmacher André Scheifele bei der Arbeit.
Im Atelier duftet es nach Leder.

88

Schuhmacher mal modern

Schuhmacher sind selten geworden, Schuhe werden maschinell gefertigt, und selbst die Reparatur lohnt bei vielen gar nicht mehr. All jene aber, die Schuhe zu den besonderen und wichtigen Dingen im Leben zählen, sollten einmal in Staufen bei André Scheifele, einem ganz besonderen seiner Zunft, vorbeischauen.

In seinem Atelier repariert Scheifele auf Wunsch jedes Schuhwerk, er fertigt aber auch noch selbst, nach Maß und persönlichen Vorlieben. Es duftet überwältigend nach Leder, hier werden nicht nur Schuhe, sondern auch jede Menge andere Lederartikel gefertigt: Geldbeutel, Taschen, Mappen, Möbel, Gürtel, Hundehalsbänder. Aber nicht alles wird hier hergestellt, Scheifele bezieht Lederwaren aus Schweden, Ungarn und Italien, von ausgesuchten und exklusiven Herstellern. Ware, die man sonst in Deutschland nur schwer bekommt. Gemütliche Ledersessel locken einladend zum Ausruhen. »Wollten wir den alten Sessel von Opa Franz nicht immer schon mal frisch beziehen lassen?« Ledertiere grüßen vom Regal, die Kreativität der angebotenen Waren von André Scheifele ist beeindruckend.

Es müssen aber nicht immer nur Schuhe sein. Wer also immer schon mal einen Gürtel in einem ganz bestimmten Farbton und mit individuellen Mustern sein Eigen nennen wollte, hier kann man ihn entwerfen und fertigen lassen. Allein schon die Auswahl an Gürtelschnallen ist eine Fahrt nach Staufen wert. Und aus den ausgetretenen Lieblingsstiefeln macht der Schuhmacher im Handumdrehen ein strammes Paar Vorzeigeschuhe ohne abgelaufenen Absatz.

Scheifele ist Autodidakt und hat sich sein Handwerk selbst beigebracht, er hat die Welt bereist und von überall her Ideen und Techniken mitgebracht, aus Indien, Israel und dem Iran. Seine Werkstatt ist gemütlicher Mittelpunkt des Schaffens. Hier gibt er sein Wissen in Workshops weiter. Falls den ein oder anderen im Laden plötzlich die Lust packt, sich selbst einmal im Lederhandwerk zu versuchen.

André Scheifele · Di–Fr 9–13 Uhr, 15–18.30 Uhr, Sa 9–13 Uhr · Adlergasse 2a · 79219 Staufen · Tel. 0 76 33/9 25 30 20 · www.andre-scheifele.de · Haltestelle Staufen Busbahnhof, Bus 7240, dann 10 Minuten Fußweg

Vom Burgberg Staufen kann man den Sonnenuntergang am schönsten genießen.

Der schönste Sonnenuntergang im Südschwarzwald

89

Hoch oben, am Ausgang des Münstertals, thront die romantische Burgruine auf dem letzten Hügel, der Rest ist weites Markgräfler Land, die Rheinebene und drüben, auf der anderen Seite, die Vogesen. Dort, hinter den blauen Hügeln im Westen, gibt es die schönsten Sonnenuntergänge weit und breit.

Die Liste der Top-Sonnenuntergänge der Welt ist lang. Ob in der Karibik, bei den wuchtigen Steinen von Stonehenge in England, in Key West (USA) oder am Ayers Rock in Australien, die Sonne sinkt dramatisch und orange bis glutrot, bevor die Nacht alle Farben verschluckt. So schön die berühmten Sonnenuntergangsspots der Welt auch sind, oft sind sie viel zu bevölkert. An der Praia do Arpoador in Rio de Janeiro zum Beispiel ist an wolkenfreien Abenden selbst im brasilianischen Winter die Hölle los, da kann keine Romantik aufkommen, ganz egal, wie viele Caipirinhas man trinkt, während man der Sonne beim Sinken zuschaut.

▶ **Wen nach dem Schauspiel der Hunger plagt, der bekommt in der Pizzeria Sonne in der Albert-Hugard-Straße 1 leckeres und original italienisches Essen.**

Doch warum in die Ferne schweifen, wenn das Farbenschauspiel doch so nah ist. Auf 375 Metern über dem Meer ist man hoch genug über der Ebene, um den Blick ungehindert gen Westen schweifen zu lassen. Der Burgberg ist groß genug und vermittelt auch mehreren Sonnenuntergangstouristen das Gefühl, allein mit dem Naturschauspiel zu sein. Schon die Römer hatten hier einen Wachturm errichtet. Ob sie auf den Mauern standen mit ihren ledernen Sandalen und den glänzenden Helmen, die Augen gen Westen gerichtet, wo das magische Farbspiel an heißen Sommerabenden über der Ebene flimmerte? Schwedische Truppen besetzten die inzwischen unbewohnte Burg der Staufer im Dreißigjährigen Krieg und brannten sie 1632 nieder. Ob die Flammen wohl heiß in einen blutroten Sonnenuntergang züngelten? Man kann über viele Dinge nachdenken, da oben auf dem Burgberg, während man dem Farbenspiel des Sonnenuntergangs zuschaut, wie es schon viele Generationen zuvor getan haben.

Haltestelle Staufen Bahnhof, Bus 7240 bis Staufen Bahnhof, dann zu Fuß den Burgberg hinauf

Blühende Iris sind ein traumhafter Anblick.

Die edle Staudengärtnerei Gräfin von Zeppelin

90

Schwarze Tulpen, edle Lilien, farbintensive Stauden und ein Hauch von Großbritannien, die Staudengärtnerei Gräfin von Zeppelin inmitten der Weinberge von Sulzburg-Laufen ist keine gewöhnliche Gärtnerei. Helene-Stein-Zeppelin, die Nichte des Grafen, gründete das Unternehmen im Jahr 1926.

Die junge Helene Stein-Zeppelin wollte damals die beste Stauden-Gärtnerei des Landes erschaffen, das Vorhaben der »Iris-Gräfin«, wie sie bald darauf genannt wurde, kann als gelungen betrachtet werden, ihre Produkte wurden weltberühmt. Und sie sind es heute noch. Und so hat die Familie Zeppelin weit über die Luftfahrt und den Bodensee hinaus ihren Namen in die Welt getragen. 2500 edle Stauden in einer Gärtnerei, die Klasse verströmt. Hier trifft der Begriff »Gartenkultur« seine innerste Bedeutung. Vor allem die Pfingstrosenkollektion ist eine wahre Augenweide. Die Tochter der Gräfin, Aglaja von Rumohr, führt auch die Tradition der besonderen Iris fort, 500 verschiedene Sorten gedeihen noch immer im sonnigen Sulzburg – maisgelb, burgunderrot, scheinend weiß oder von einem tiefen Lila, die Farbenpracht ist überwältigend. Neben der Iris

▶ **Im benachbarten Sulzburg steht eine der ältesten Kirchen Deutschlands. Die ehemalige Klosterkirche Sankt-Cyriak beeindruckt mit schlichter Schönheit.**

pflanzt sie Begleitblumen, also solche, die neben der Schwertlilie besonders gut zur Geltung kommen, wie die Flockenblume oder der Zierlauch. Ihre Leidenschaft aber gilt der Pfingstrose in ihrer üppigen, fast schon wollüstigen Farbenpracht.

Ein Besuch in der Gärtnerei von Aglaja von Rumohr ist immer inspirierend. Für neue Gärten bietet die Staudengärtnerei Kollektionen an. Das gesamte Pflanzenpaket kommt dann von der Fachfrau. Wer eine Pflanze kauft, kann die Mutterpflanze dazu sehen. So weiß man, wie sie sich entwickeln wird. In zahlreichen Veranstaltungen wird das Gartenjahr hier zelebriert, ob mit den Rosentagen im Juni oder dem Herbstfest im September.

Staudengärtnerei Gräfin von Zeppelin · März–Okt. Mo–Sa 9–18 Uhr, Nov.–Feb. Mo–Sa 10–18 Uhr ·
Weinstraße 2 · 79295 Sulzburg · Tel. 0 76 34/76 97 16, www.staudengaertnerei.com
Haltstelle Laufen Brunnen, Bus 261 ab Mühlheim Bahnhof

Wellness für Körper und Seele.
Auf der Massagebank reist man um die ganze Welt.

Vita Classica – von Indien über Japan nach Marokko

Oder doch lieber in die Türkei? In Bad Krozingen kann man welt-reisen, ohne sich von der wohligen Wärme der Vita Classica fort-zubewegen. Die Therme bietet Anwendungen aus aller Herren Länder. Warum nach Indien reisen, wenn Ayurveda so nah sein kann. Man muss sich nur die Zeit nehmen.

In dem magischen Ambiente eines indischen Wohlfühltempels im warmen Wasser des großen Holzzubers (mit einem solchen hat in Bad Krozingen vor über hundert Jahren alles angefangen) entspannen und über die gewünschte Massage nachdenken, vielleicht »Abhyanga mit Shirodhara«, also eine ent-spannende Massage mit Stirnguss? Oder doch lieber ein echt türkisches Hamam-Erlebnis, bei dem wahre Märchenbilder im Kopf entstehen? Man hat die Wahl zwischen Sultan, Pasha oder Shererazade und natürlich fehlt auch die Seifenbürstenmassage nicht. Danach fühlt sich die Haut unver-gleichlich klar und rein an. Fast wie ein Babypopo. Das japanische Ambiente ist edel und schlicht. Man kann im Natursteinbecken einen Meersalzabrieb genießen und im Bambusgarten Körper und Geist vereint zur Ruhe kommen lassen. Den Kopf neigen und die innere Stille in sich versammeln.

Oder doch lieber nach Marokko? Hier wird mit Naturkosmetik gearbei-tet, mit exotischen Zugaben wie Safran, der beruhigt und die Stimmung aufhellt. Arganöl dagegen stärkt die Immunkraft und fördert die Durchblu-tung. Die Berbermassage ist ein ganz ungewohntes Erlebnis, selbst in etab-lierten Wellness-Tempeln, die fröhliche Lust am Wohlgefühl kommt mit den exotischen Düften Marokkos.

In der Kuppelhalle der Therme lässt sich das Leben im warmen Wasser genießen, bis der Alltag sich von der Seele löst. Wellness geht hier nicht nur exotisch, sondern auch ganz klassisch. Vor allem bei Paaren ist Entspannung in Bad Krozingen sehr beliebt. Die Fahrt lohnt also auf alle Fälle, denn so schnell kommt man mit dem Auto nicht nach Marokko, Indien oder Japan. Und schon gar nicht so erholt.

Vita Classica · Therme tgl. 8.30–23 Uhr, Sauna tgl. 10–23 Uhr · Kurgebiet · 79189 Bad Krozingen · Tel. 0 76 33/4 00 81 40 · www.vita-classica.de · Haltestelle Bahnhof Bad Krozingen RB, RE

Pilzparadies Burg Rötteln

Pilze sind leckere Extras, die man von einem Waldspaziergang mitbringen kann. Sie enthalten wertvolle Aminosäuren und sind fettarm, eine ideale Zutat für gesundheitsbewusste Köche; und wenn sie selbst gesammelt und eindeutig bestimmt wurden, schmeckt man auf dem Teller auch ein wenig die Finderfreude mit.

Natürlich gilt für die Pilze rund um die Burg Rötteln, was für alle Pilze überall auf der Welt gilt: Wer sich nicht genau auskennt, der sollte keine sammeln, vor allem aber keine selbst gesammelten essen. Schließlich gibt es über eine Million verschiedene Arten, nur ein ganz kleiner Teil ist essbar. Vorsicht ist immer geboten. Steinpilze, Pfifferlinge und Morcheln stehen unter Naturschutz und dürfen nicht im großen Stil gesammelt werden. Wer in geringen Mengen und für den eigenen Bedarf sammelt, der muss sich aber keine Sorgen machen, das ist erlaubt. Am rund fünf Kilometer entfernten Tüllinger Berg ist es allerdings verboten, es handelt sich um ein Landschaftsschutzgebiet.

Mit einem Körbchen und einem scharfen Küchenmesser ist man für die Pilzexpedition bestens ausgestattet. Die Pilze abschneiden und immer ein paar stehen lassen, damit sie wieder wachsen. Eventuelle Löcher im Boden wieder zudrücken. Dann schnell davon huschen, man will schließlich die Fundstellen geheim halten.

Pilze sammeln hat den Charme der Ursprünglichkeit, der Rückkehr zu den Anfängen der Menschheit, als die Männer Jäger und die Frauen Sammler waren. Diese Frauen der Frühzeit durchstreiften ebenfalls die Wälder im Süden. Kelten, Germanen, sie alle sammelten Pilze und fügten ihrer Nahrung damit wichtige Vitamine und Mineralien hinzu.

Wer nicht in der Pilzzeit unterwegs ist, dem bietet die Burg Rötteln eine imposante Alternative. Die riesige Ruine ist eine der größten in Baden. Ihre wuchtigen Mauern erstrecken sich auf einem 300 Meter hohen Bergsporn über Lörrach.

Burgruine Rötteln · Mitte März–Mitte Nov. tgl. 10–18 Uhr, Mitte Nov.–Mitte März am Wochenende 11–16 Uhr · Erw. 2,50 € · 79541 Lörrach · Tel. 0 76 21/5 64 94, Erwachsene 2,50 €, www.burgruine-roetteln.de · Haltestelle Bahnhof Lörrach-Haagen/Messe, RB, dann ca. 20 Min. Fußweg

Burg Rötteln liegt ganz im Südwesten des Landes.
Beim Pilzesuchen entdeckt man auch andere Kuriositäten.

Bogenschießen erfordert neben Kraft vor allem Konzentration.

Tribute von Wyhlen – Schnupperkurs mit Bogen

Die Atmung wird ruhig, das Herz klopft. Es muss ruhig sein. Dann die Scheibe genau fixieren, totale Konzentration löscht alle anderen Gedanken aus, das ist der Moment, in dem man loslassen muss und der Pfeil fliegt. Nur wer richtig loslassen kann, der trifft. Das ist ein Grundprinzip des Sports.

Bogenschießen hat einen ausgeprägt meditativen Aspekt. Man muss zur Ruhe kommen, um gut schießen zu können. Der Körper geht von der Anspannung in die Entspannung über in einem anhaltenden Kreislauf, ein stilles Sich-Finden. Bogenschießen ist für Männer und Frauen gleichermaßen geeignet. Ebenso für Kinder. Die Auswahl des Bogens und dessen Zugkraft richtet sich nach Kraft und Körpergröße sowie Körpergewicht. Sportschützen halten mit drei Fingern ein Zuggewicht von 20 Kilogramm, das entspricht etwa dem Gewicht von zwei Kästen Bier. Man hat Skelette von englischen Langbogenschützen aus dem Mittelalter gefunden, die eine deformierte Schulter hatten. Spätfolgen einer Bogenschützenkarriere im Hundertjährigen Krieg. Doch jene Bogenschützen übten auch täglich mehrere Stunden.

In Grenzach-Wyhlen kann man einen Bogenschieß-Schnupperkurs machen. Die Schützen und Trainer sind jederzeit bereit, einen Neuling für ihren Sport zu begeistern. Einfach anrufen und einen Termin ausmachen; wer Linkshänder ist, sollte das erwähnen, denn das erfordert einen anderen Bogen. Nach kurzer Einweisung kann man unter Aufsicht sofort schießen. Es dauert eine kleine Weile, bis sich der Erfolg einstellt, aber nicht lange. Im Winter wird in der Halle geschossen, doch das wahre Bogenschieß-Feeling kommt im Sommer auf, wenn die bunten Scheiben in der Sonne glänzen und man in der klaren Luft des Südens Ruhe und Entspannung findet: ziehen, zielen, lösen, treffen.

Ob man von Robin Hood fasziniert ist, die »Tribute von Panem« liebt oder bei Olympia gerne Bogenschießen schaut. Ein Selbstversuch ist der beste Weg herauszufinden, ob ein Bogenschütze in einem steckt.

Bogensportclub Grenzach-Wyhlen · Jürgen Haag · haag57@web.de · Tel. 0 76 23/74 77 44 · Michael Brückner · m.brueckner@ t-online.de · Tel. 0 76 24/9 07 99 90

Rafting – von wild bis gemütlich

*Wer an Rafting denkt hat unweigerlich entspannte Bilder von gro-
ßen stillen Wassern in Kanadas Einsamkeit oder wild sprühender
Gischt in den Steinschluchten des Grand Canyon vor Augen. Ganz
so wild geht es im Südschwarzwald nicht zu, aber schön ist es auch
auf den Flüssen und Seen der Region.*

Die entspannte Fraktion genießt Natur und Ruhe auf den Altrheinarmen. Beim sogenannten Soft-Rafting geht man als Gruppe mit einem
erfahrenen Steuermann auf den Rhein, paddelt gemeinsam und sieht Ver-
trautes aus einer völlig neuen Perspektive. Weinberge ziehen vorüber, Wälder spenden Schatten, ein Graureiher fliegt unter lautem Protest ins Blau
des Sommerhimmels. Die Großrafting-Boote können eigentlich nicht ken-
tern, und das gemeinsame Erlebnis von Natur und aktivem Paddeln ist
ideal für Einsteiger. Eine Rafting-Tour auf dem Rhein dauert 2,5 bis 3 Stun-

Der Altrhein in seiner Ursprünglichkeit

den. Die Boote fassen zwischen 3 und 15 Personen. Man sollte Sonnen- und Insektenschutz dabeihaben.

Die Wutachschlucht ist nicht der Wilde Westen, bietet aber auch wilde Wasserströme in fantastischer, ursprünglicher Natur. Befahren werden kann die Wutach allerdings nicht. Das Wildeste, was die Region anzubieten hat, ist Hochwasser-Rafting bei Bad Bellingen, das sprudelt kräftig. Generell aber geht es eher ruhig zu beim Rafting in der Region. Das Angebot für Wasserfreunde ist groß und das Wetter in der Regel so gut, dass man sich gerne ein bisschen nass spritzen lässt.

In Rust kann man auf den verzweigten Altrheinarmen mit Stocherkähnen fahren. Hier ist der Fluss noch in seiner Ursprünglichkeit erhalten geblieben. Ein Urwald nur einen Katzensprung von der Zivilisation entfernt. Man gewöhnt sich schnell an den Umgang mit den Kähnen, die früher das Leben der Menschen am großen Fluss geprägt haben. Wer in Ruhe stochern will, sollte den Mückenschutz nicht vergessen! Oder vielleicht doch lieber ein Floß bauen, mit Fässern, Seilen und Stämmen? Dieses Abenteuer ist in ganz Südbaden möglich.

Kanustation & Rafting Black Forest Magic · Ob der Hohle 8 · 79227 Schallstadt · Tel. 0 76 64/6 13 · www.blackforestmagic.de · die Touren starten an unterschiedlichen Orten

95

Weihnachtsdeko aus den Rheinauen

Man muss weder Hexe noch Druide sein, um sich aufzumachen in die Wildnis und Misteln zu sammeln. Die grünen Büschel sind traumhafte Dekorationen in der Weihnachtszeit, egal ob natürlich grün oder mit Silber- und Goldspray veredelt. Außerdem bringt ein Kuss unter dem Mistelzweig angelsächsische Adventsromantik ins Haus.

Aus mystischer Begeisterung gleich mit einer Sichel loszuziehen ist wenig ratsam. Die Verletzungsgefahr ist viel zu groß, außerdem erfordert eine Sichel auch das Erklettern des Baums, auf dem sich die Mistel befindet. Ein Job für Druiden? Vielleicht, aber eher nicht für Freunde der natürlichen Dekoration.

Es gibt im Prinzip zwei zeitgenössische Varianten der Mistelernte: die Handsäge an einer ausfahrbaren Stange oder ein langes Seil mit einem Gummigegenstand am Ende, zum Beispiel ein Hundespielzeug oder Ähn-

Misteln wachsen gerne hoch oben im Baum und sind eine tolle Deko.

liches. Das wird auf den Baum geworfen und die Mistel dann mit Zug abgebrochen. Das Problem ist, dass die schönsten Misteln oft sehr weit oben sind.

Die Frage, wo man am ehesten Misteln findet, ist schnell beantwortet: überall am Rhein. Aber aufpassen, in Landschaftsschutzgebieten darf man keine Pflanzen mitnehmen. Auch keine Misteln, obwohl sie gemeinhin als Schädlinge gelten. Dort gibt es zwar die schönsten Exemplare, aber die sind tabu. Der Trick ist, einfach die in den Randgebieten zu nehmen, das sind Ausläufer der Naturschutzgebiete, die nicht mehr als solche gelten. Wer nur eine Mistel mitnimmt, richtet keinen Schaden an.

Misteln wachsen vor allem auf Pappeln (oder auch an vernachlässigten Obstbäumen), und die findet man an Wasserläufen oder auch rund um stehende Gewässer. Schon von der Autobahn aus kann man sie problemlos erspähen, nur das Wiederfinden kann mitunter schwieriger sein, als man denkt.

Zu Hause dann entweder mit einem schlichten dünnen Seil oder mit Bast an die Decke hängen oder mit Silber- oder Goldspray überziehen und mit einer Kordel oder einem Samtband an einem Haken befestigen. Besprühen sollte man sie in jedem Fall im Freien, denn sonst glitzert danach auch der Teppichboden.

96

Croissants in Colmar – zum Frühstück nach Frankreich

Es fühlt sich an wie Urlaub. Colmar ist ein wunderbares Fleckchen Erde, romantisch, idyllisch, auch touristisch, aber so französisch, wie das Elsass nur sein kann. Warum nicht mal an einem Sonntag den Flair eines Frühstücks in Frankreich genießen, eintauchen in eine Welt voller Romantik.

Von der Freiburger Innenstadt ist man mit dem Auto in knapp einer Stunde da, und Sonntag morgens findet man in den Seitenstraßen rund um die Fußgängerzone der historischen Altstadt auch problemlos Parkplätze. Mit französischer Lässigkeit geht es dann weiter in die Altstadt.

Nach Colmar kommen die Touristen wegen dem Baeckeofe (ein elsässisches Eintopfgericht), dem Münster und Klein Venedig. Doch gerade am Sonntagmorgen, noch bevor die diversen Reisebusse die Ladungen Touristen in die Altstadt entlassen, kann man noch gemütlich durch die Gassen schlendern und einfach im nächstbesten Café eine Schale »café au lait« und ein knusprig frisches Croissant bestellen. Dazu noch eine Zeitung und der Sonntag mit französischem Flair ist perfekt. Muss ja nicht gleich die »L'Équipe« sein. Das köstliche Plunderhörnchen in die große Schale tauchen und mit Genuss verspeisen. Wem das nicht kalorienhaltig genug ist, das »pain au chocolat« ist die süße Alternative zum Croissant, das man in den meisten Läden auch mit Schinken und Käse gefüllt bekommt. Für alle, die Lust am herzhaften Frühstück haben.

Ganz besonders schön ist es in Colmar im goldenen Croissant, Au Croissant Dorée in der rue Marchands, einer ruhigen und trubelfreien Nebenstraße. Die Einrichtung liegt irgendwo zwischen vergessenem Jugendstil und altmodischem Damenkränzchen, aber ist so typisch französisch, wie man es sich wünscht. »Eh voila, le petit déjeuner français!« Wer es sich nach dem Frühstück immer noch gut gehen lassen will, der bestellt sich in einer der vielen Bars ein Gläschen Crémant, den Sekt hergestellt nach Champagner-Verfahren aus dem Elsass. Lecker ist vor allem die Rosé-Variante.

Au Croissant Dorée · 28 rue Marchands · 68000 Colmar · Tel. +33/3/89 23 70 81 · um sonntags früh in Colmar zu sein, sollte man mit dem Auto anreisen

Wunderbar duftet es in den Bäckereien zu allen Tageszeiten.
Entspannt die Zeit genießen am Ufer des Flusses

Der Liedermacher und Kabarettist Roger Siffer ist ein Elsässer Original.

Roger Siffers Theater in der Sauerkrautfabrik

Roger Siffer sieht aus, wie ein Altachtundsechziger aussehen muss. Das inzwischen weiße Haar trägt er schulterlang, kluge Augen funkeln hinter runden Brillengläsern, er lächelt oft und gerne aus seinem Bart heraus. Siffer ist Elsässer pur und dazu noch Liedermacher und Kabarettist.

Das Sauerkraut hat sein Leben bestimmt, den ersten öffentlichen Auftritt hatte Siffer 1968 beim Sauerkrautfest in Colmar, er sang Bob-Dylan-Songs auf Französisch. Ein spannendes Projekt nahm seinen Anfang. Gerade deshalb schien es ganz besonders passend, als er in den Achtzigerjahren eine leer stehende Sauerkrautfabrik im heimischen Straßburg am Altstadtrand erwarb und umbaute. Das Théâtre de la Choucrouterie oder das »Sürkrüt-Theat'r« hatte Premiere. Auf den zwei Bühnen wird Elsässisch und Französisch gesprochen. So eine Art bilinguales Simultantheater. Damals ein weitreichender Schritt, der sich in den vergangenen Jahrzehnten als wegweisend erwiesen hat. Dialekttheater in seiner höchsten Form. Man muss also nicht des Französischen mächtig sein, um mithalten zu können.

▶ **Ein Besuch im modernen Kultursender arte unweit der Innenstadt zeigt, wie deutsch-französische Kultur im Fernsehen funktioniert.**

Natürlich sind die Stücke im Sauerkrauttheater politisch kritisch, wie es sich für einen Altachtundsechziger gehört. Roger Siffer ist die Gallionsfigur der elsässischen Kultur und Mundart, ein Original mit viel Originalität. Inzwischen treten auch junge elsässische Talente auf, die aus der One-Man-Show ein herausragendes Ensemble machen. Im schön restaurierten alten Fachwerkhaus, dem »la Chouc«, bietet ein Restaurant auch Kulinarisches.

Das Ensemble macht im Sommer Straßburg-Pause und geht mit einem mehrsprachigen Programm aus Kabarett, Songs und Texten auf Tournee, einzige Station in Deutschland war bislang Offenburg. Der Besuch im Théâtre de la Choucrouterie lohnt nicht nur für Altachtundsechziger, es ist ein grenzübergreifendes Erlebnis, anregend und aufregend zugleich.

Théâtre de la Choucrouterie · 20 rue de Saint Louis · 67000 Straßburg · Ticketreservierung auch auf Deutsch; Tel. +33/3/88 36 07 28 · www.theatredelachouc.com · Colmar Hauptbahnhof, TGV

Basler Läckerli
in modernem Ambiente

Basler Läckerli sind viel mehr als Mehl, Honig, kandierte Früchte, Nüsse, Zucker und Gewürze. Sie sind Basler Kulturgut und ganz einfach eines der leckersten Dinge, die man in der benachbarten Schweiz kaufen kann. Sozusagen Lebkuchen de luxe. Es muss nicht immer Schweizer Schokolade sein.

Sie sind kleine, rechteckige Köstlichkeiten, diese Schweizer Lebkuchen, die so typisch sind für Basel. Das Gebäck ist vor 600 Jahren entstanden, als die Basler Bäcker begannen, ihre Lebkuchen mit Orangeat und Zitronat zu verfeinern und ihnen so eine ganz besondere und fremdländisch frische Note gaben.

Freiburger genießen das Leben im »Dreyländereck« und lieben die Fahrt in die Schweiz, sei es der Kunst wegen oder ganz profan zum Einkaufen. Die Supermärkte locken mit Schokolade und Käsefondue. Wer es etwas exklusiver mag, der kauft Basler Läckerli im Läckerli Huus in der Gerbergasse. Es duftet überall nach Lebkuchen. Das Design ist ultramodern, die Rezepte alt und wohl gehütet. Hier kann man die Läckerli ofenfrisch probieren. Ein Geschmackserlebnis, das man so schnell nicht wieder vergisst. Es ist Lebkuchen, aber Lebkuchen 2.0. Hungrig sollte man den Laden keinesfalls betreten. Hier kauft auch die Schweizer Armee ein, die ordert dann aber gleich mal 12 Millionen Stück. Man wird aber keineswegs schief angeschaut, wenn man etwas weniger kauft. Läckerli sind nicht die einzigen Köstlichkeiten, die es im Läckerli Huus gibt, »Flûtes de Bâle« oder Schokoladenwaffeln sind eine aromatische Alternative. Und alle Köstlichkeiten werden in Handarbeit hergestellt, auch die 12 Millionen Läckerli für die Armee. Natürlich kann man seine Läckerli auch online bestellen, aber den Genuss des Besuchs im Läckerli Huus in Basel hat man dann nicht. Und der ist definitiv die Reise wert.

Wer mit dem Auto anreist sollte die Autobahn durch Basel meiden. Am besten den Grenzübergang direkt hinter dem Flughafen Muhlhouse/Freiburg auf der französischen Seite benutzen, da kann man sich nicht verfahren.

Läckerli Huus · Mo, Di, Mi, Fr 9–18.30 Uhr, Do 9–20 Uhr, Sa 9–18 Uhr · Gerbergasse 57 · 4001 Basel · Tel. +41/61/2 60 00 60 · www.laeckerli-huus.ch · ein ICE verkehrt stündlich zwischen Freiburg und Basel

Baseler Läckerli – eine Schweizer Spezialität!
Das traditionelle Gebäck wird im modernen Ambiente hergestellt und verkauft.

Nach einem ausgedehnten Besuch der Ausstellung sitzt es sich hübsch im Café der Fondation.

Fondation Beyeler

Ernst Beyeler war so etwas wie eine Legende in der Kunstszene des 20. Jahrhunderts. Gemeinsam mit seiner Frau Hildy schuf er die Fondation Beyeler, eine beeindruckende Sammlung und eines der schönsten und besten Museen Europas. Gleich um die Ecke, in Riehen bei Basel.

Ein lichtdurchfluteter Glasbau zieht klare Linien ins weiche Bunt des Parks der Villa Berower, der helle und schlichte Raum tritt zurück für die außergewöhnliche Kunst, die er beherbergt. Der Bau des angesehenen italienischen Museumsarchitekten Renzo Piano, speziell für die Kunstwerke im Besitz des Ehepaares Beyeler geschaffen, gewährt tiefe Einblicke und überraschende Ausblicke und fügt sich über die Spiegelungen im Wasser vor der Glasfront der Südseite harmonisch in die Umgebung ein. Wie ein Bild in seinen Rahmen schmiegt sich das Museum in den Park.

In Riehen bei Basel wird die umfassende Sammlung präsentiert. Dabei sind die wichtigsten Künstler des letzten Jahrhunderts ebenso vertreten wie Werke aus Ozeanien und Afrika. Claude Monet, Andy Warhol, Paul Klee, Marc Chagall, Piet Mondrian: Die Liste der Künstler ist lang und klangvoll. Der Wert der Sammlung ist atemberaubend, und sie wird von ständig wechselnden Ausstellungen komplettiert, die große internationale Kunst ist in Riehen zu Hause. Empfehlenswert ist die Führung, die man als Gruppe auch direkt buchen kann. Das Museum bietet außerdem auf Wunsch Führungen zu bestimmten Themen oder Künstlern an. Mittwochs ist Workshop, wo man in der Werkstatt unter Anleitung selbst ausprobieren kann, was man soeben noch an der Museumswand bewundert hat und was doch eigentlich so einfach aussah. Ein kreativer Ansatz für sonst eher passive Museumsbesuche.

Die Fondation Beyeler bietet Fünf-Sterne-Kunst mit einer herausragenden Tageskarte wechselnder Spezialitäten, der Museumsshop hat eine gute Auswahl an Büchern und Kunstdrucken sowie (typisch Schweiz) außergewöhnlicher Papeterie.

Fondation Beyeler · tgl. 10–18 Uhr, Mi 10–20 Uhr · Erw. 28 SFR/€ · Baselstrasse 101 · 4125 Riehen · Tel. +41/61/6 45 97 00 · www.fondationbeyeler.ch

Register

Essen und Trinken

Gourmet im Chalet:
Freiburgs beste Burger 10
Das Skajo auf der KaJo 12
Luxustrinken in der Hemingway Bar 15
Biergartencrawl von A bis … 16
Der feine Unterschied:
Confiserie Rafael Mutter 32
Des Kaffees wilde Bohne –
Rösterei Schwarzwild 34
Vollmond, Zauberkraft und magischer
Hopfen 50
Familienkochen in der LOKation 56
Milch aus dem bunten Quartier 64
Rosenblütensekt genießen in der
Gärtnerei 66
Der edle Geist von Wolfenweiler 68
Tag des Biers im Hotzenwald 80
Schwarzwälder Kirschtorten-Festival 96
Jugendstil trifft Topinambur:
Zell am Harmersbach 134
Der Affe des Commanders 136
Das kleinste Weingut im
Kaiserstuhl 160
Kornelkirschen und Ökowein 164
Pilzparadies Burg Rötteln 174
Croissants in Colmar – zum Frühstück
nach Frankreich 182
Basler Läckerli in modernem
Ambiente 186

Übernachten

Unter Baumschläfern 88
Suse, liebe Suse – im Stroh
übernachten 100
Beim Olympiakoch essen und
trainieren 102
Duftig schlafen im Wiesenbett 124
Wiedehopf und Hefezopf am
Kaiserstuhl 158

Einkaufen

Queen Victoria und die Freiburger
Bäcker 8
Die Freiburger Seele ist ober-
schwäbisch 22
Alles Käse im Schwarzwald 74
Schwarzwaldforellen selber angeln 82
Antikuhrenbörse Furtwangen 114
Heißes Glas für kühle Tage 130
Harmonischer wandern mit Lola
und Emma 162
Schuhmacher mal modern 166
Die edle Staudengärtnerei Gräfin von
Zeppelin 170

Freizeit und Familie

Wasserspeierspaß am Münster 6
Bildteppiche – Comics aus dem
Mittelalter 26
Hinter den Kulissen von Funk und
Fernsehen 36
Der Engländerplatz 38
Sonntagsklassiker in zwei Ländern:
Sankt Ottilien 42
Stars zum Anfassen 44
Mit Taschentuch und Kinderwagen 54
Kinder, Kino und Kultur 64
Cross Country mit olympischen
Ehren 78
Reiterglück im Park des Fürsten zu
Fürstenberg 82
Panoramarodeln am Skilift
Schwärzenbach 84

Höhentauchen am Schluchsee 86
Das Hüsli von Prof. Brinkmann 90
Von Huskies, Mushern und dem
    Wettkampf im Schnee 94
Sommerskispringen in Hinterzarten 100
Weihnachtsmarkt in der Ravenna-
    schlucht 104
Hornschlittengaudi in St. Märgen 106
Märchengarten Simonswald 118
Drehorgeln aus aller Welt 119
Hexen, Hemdglunker und Hästräger
    im Kinzigtal 132
Filmstadt Gengenbach 136
Mit dem Rad rund um Emmen-
    dingen 140
Kulturwehr Kehl 146
Abenteuer Wohnen in Linx 148
chill'n'swim am Hartheimer 156
Rafting – von wild bis gemütlich 178

Natur erleben

Auf Tour mit dem Feldberg-Ranger 98
Nordic Walking im Dreisamtal 110
Simonswälder Mühlenwanderweg 116
Wo der Südschwarzwald am
    schönsten ist 120
Bei der Elztäler Kräuterhexe 122
Gaaaanz langsam –
    Schneckenwandern 126
Orchideen suchen im Sundheimer
    Grund 144
Der schönste Sonnenuntergang im
    Südschwarzwald 168
Weihnachtsdeko aus den
    Rheinauen 180

Kunst und Kultur

Ä Muggesäckele wunderfitzig in
    der Gerberau 30
Amerika kommt aus Freiburg 40
Freimaurer in Freiburg 62
Schauinslandbahn –
    Literatur trifft Frühstück 72
Kettensägenkünstler und andere
    Holzartisten 92

Österreicher und barocke Pracht –
    St. Peter 108
Herrgottswinkel, Wegkreuze und
    Protestanten 128
Aenne Burdas Offenburg –
    Emanzipation mit Folgen 153
Kelten, Römer, Alemannen 163
Roger Siffers Theater in der
    Sauerkrautfabrik 184
Fondation Beyeler 188

Entspannung

Heiße Quellen an kühlen Tagen 14
Frühschwimmen für Frühaufsteher
    im Faulerbad 25
Zeit für Stille – der alte Friedhof in
    Neuburg 52
Viel schöner als ihr Ruf: die B36 150
Vita Classica – von Indien über Japan
    nach Marokko 172
Tribute von Wyhlen – Schnupperkurs
    mit Bogen 176

Überraschendes

Freiburgs Underground, das Crash Im
    Grün 18
Jamsession in der Guten Abend Bar 20
tageins – alles nur kein Montag 46
Hilfe! Es spukt! 48
Ein kleines Fleckchen Freiburger
    Freiheit 55
Pilot für einen Tag 58
Wo wochentags Motoren röhren 70
Chanderli 76
Biathlon-Schnupperkurs am
    Notschrei 112
Wo meilenweit der Tabak wuchs 138
Nur nicht untergehen –
    das Atlantis in Herbolzheim 142
Goldscheuer – wo Sauerkraut
    olympisch ist 152
Texaner auf dem Texaspass 154

Verantwortlich: Ulrich Jahn
Redaktion: Nadja Pietraszek
Layout: Roman Bold & Black
Repro: Repro Ludwig
Korrektorat: Asta Machat
Umschlaggestaltung: Ulrike Huber
Kartografie: Kartographie Huber, Heike Block
Herstellung: Bettina Schippel, Barbara Uhlig
Printed in Germany by Phoenix Print

**Sind Sie mit diesem Titel zufrieden? Dann würden wir uns über Ihre Weiteremp-
fehlung freuen.**
Erzählen Sie es im Freundeskreis, berichten Sie Ihrem Buchhändler, oder bewerten Sie bei
Onlinekauf.
Und wenn Sie Kritik, Korrekturen Aktualisierungen haben, freuen wir uns über Ihre Nach-
richt an Bruckmann Verlag, Postfach 40 02 09, D-80702 München oder per E-Mail an
lektorat@verlagshaus.de.

Unser komplettes Programm finden Sie unter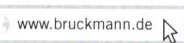

Alle Angaben dieses Werkes wurden vom Autor sorgfältig recherchiert und auf den aktuellen
Stand gebracht sowie vom Verlag geprüft. Für die Richtigkeit der Angaben kann jedoch keine
Haftung übernommen werden.

Bildnachweis: Alle Bilder stammen vom Fotografen Daniel Schönen außer: S.12: Dorint Hotel
Freiburg An den Thermen; S. 64: Freiburger Kinderfilmfestival; S. 76: Kandertalbahn; S. 80:
Privatbrauerei Waldhaus; 82 o.: Forellenzucht Westermaier; 82u.: Fürstlich Fürstenbergisches
Schlossmuseum; S.88: RAFFTAFF; S. 90: Museum Hüsli; S. 96,97: Tourist-Info Todtnauberg;
S. 101u.: Adlerschanze; S. 125 Hilserhof; 142: Atlantis; 148: World of Living; S. 172 Vita Clas-
sica Therme; S. 184: Théâtre de la Choucrouterie; S. 187: Läckerli Huus

Die Deutsche Nationalbibliothek verzeichnet diese Publikation in der Deutschen Nationalbiblio-
grafie; detaillierte bibliografische Daten sind im Internet über http://dnb.d-nb.de abrufbar.

ISBN 978-3-7654-8302-8